JN437874

발라시네

르 클레지오, 영화를 꿈꾸다

발라시네

르 클레지오, 영화를 꿈꾸다

르 클레지오 지음
이수원 옮김

글빛

Ballaciner

한국어판 서문

"영화는 산업이다." 영화란 무엇인지 정의해달라는 질문에 대해 앙드레 말로가 아주 냉정하게 대답했던 것이 생각난다. 그 대답은 틀리지 않았다. 영화는 백 년이 채 되기도 전에 예술 중 유일하게 실제로 들어간 작업의 양과는 별도로 종종 어마어마한 이윤을 창출할 수 있는 수단이 되었다. 그것은 우리의 세계관을 변화시켰고, 미국 캘리포니아 주의 잠자던 작은 마을을 온갖 과장이 넘쳐나는 거대 도시로 탈바꿈시켰으며, 현대 서구 문화의 세계화를 위한 아이콘이자 분신, 심지어 정치적 모델로까지 기능하는 새로운 종류의 인간 종을 창조해내기도 했다.

뤼미에르 형제와 토머스 에디슨의 발명품이 이와 같은 변신을 한 것은 최근의 일이 아니다. 이미 20세기 초반, 가정 내에서 오락을 담당할 파테 베이비 영사기를 발명한 천재적인 샤를 파테가 공언한 바 있다. 영화는 내일의 극장, 신문, 그리고 학교가 될 것이라고.

나는 이 책에서 다른 종류의 영화에 대해 말하고자 했다. 훨씬 진실되고, 창조적이고, 즐거움을 주고, 감동적인 영화. 오싹하는 전율을 불러일으키고, 꿈꾸거나 성찰하게 하고, 자신의 흐름 속으로 당신을 끌어들이고, 숏들의 리듬과 이미지들의 흐름에 의해 당신을 매혹시키는 영화. 때로는 시, 때로는 코미디, 때로는 스릴러. 혹은 히치콕이나 로버트 알드리치, 오즈나 김기덕의 영화들이 보여주는 것처럼 그 모든 것의 동시적 공존. 눈을 크게 뜬 채 꿈꿀 수 있는 그런 영화. 어두운 영화관 너머까지 연장되고, 바깥으로 나온 후 거리에서 당신과 동행하며, 당신으로 하여금 살아가도록 하는 영화. 일종의 부적과 같은 영화.

영화는 살아 있는 예술이다. 그것은 고전들을 만들어낼 시간을 갖지 못했다. 모든 새로운 세대가 영화를 자신의 것으로 삼았다. 엘리사 밀러Elisa Miller는 스물다섯 살이 채 되지 않아 비디오카메라와 세 명의 배우, 그리고 멕시코의 길거리만으로 〈워칭 잇 레인Ver Llover〉이라는 어린 소녀와 소년의 러브스토리를 만들었다(2007년 칸 영화제 최우수 단편영화상 수상－옮긴이). 서울에 있는 명문 영화학교(한국영화아카데미－옮긴이)를 졸업한 홍성훈은 인천공항 근교에서 대담하게 무성으로 〈만남〉을 찍었다(2007년 칸 영화제 시네파운데이션상 수상－옮긴이). 새로운 세대들의 유산은 이미 상당히 축적되었지만, 그들이 말하는 것은 모두 진실되고, 마치 영화라는 예술이 지금 막 발명된 것처럼 우리를 감동시킨다.

나는 이 작은 책에서 영화에 대한 사랑의 시를 쓰고자 했다. 우리의 하늘에 떠다니고 우리의 눈동자 속에, 우리가 기억하는 추억의 구름들 사이에서, 불멸의 섬광을 밝히는 바로 그 꿈에 대해 쓰고자 했다.

2008년 5월 서울에서

르 클레지오

차례

서문

앙드레 지드의 우유잔

(……) 그는 랄라의 궤짝 위에 앉아 박하 차를 마셨다.
랄라는 그가 무섭진 않았지만, 마을을 떠나지 않으면
언젠가 그의 집에 강제로 끌려가 그와 결혼하게 될 것이라는 것을
알고 있었다. 그는 부자에 힘 있는 사람이고,
자신에게 저항하는 것을 좋아하지 않았으니까 말이다.
_ J. M. G. 르 클레지오, 『사막』

내가 어떻게 문학광이 됐는지 아주 또렷하게 기억한다.

그 당시 나는 아주 어렸고 파리 7구에 있는 빌레르섹젤 가街의 부모님 댁에 살고 있었다. 독일 점령에서 해방된 직후였고, 나는 루이 르 그랑 고등학교 3학년에 진급한 참이었다. 프랑스에는 모든 것이 부족했지만 예술만은 그 반대였다. 5년 동안 금지되었던 미국 영화들이 해방 프랑스에 물밀듯이 들어오고, 생 제르맹 데 프레 거리는 철학, 재즈, 그리고 스노비즘의 요지가 되어가고 있었다. 2학년까지 나는 성실하고 깍

듯한 학생이긴 했지만 최소한의 것만 완수하는 데 만족했다. 수업시간에 다루는 작가들만으로도 나의 호기심은 충족되었고, 독서 욕구도 아버지의 서재를 탐험할 정도까진 안 되었다. 물론 고급 벨랭지에 (야한) 삽화가 그려져 있는 몇몇 책들, 가령 피에르 루이스의 『빌리티스의 노래』(사포Sappho식의 동성애적 사랑을 그린 산문시 — 옮긴이) 같은 책들은 내 나이 또래 남자아이가 가진 청춘의 열기를 자극하고도 남았을 것이다. 그러나 우리 앞에는 고고하게 제본된 모파상, 플로베르, 메리메, 도데의 책들 또한 있었다. 그것들은 우리가 다 읽어내기엔 많았다. 지나치게 많았다. 바로 그즈음에 학생들의 귀에 속삭이듯 말하는 라틴어 선생 비요 씨가 등장했다.

무라카미의 이야기에 따르면, 하이든은 작곡할 때 늘 옷을 격식에 맞게 잘 차려입고 분을 뿌린 가발을 착용했다고 한다. 수업할 때의 비요 씨가 바로 그런, 발자크라면 10쪽에 걸쳐 묘사했을 법한 분이었다. 비요 씨는 거의 벗는 적이 없는 커다란 체크무늬의 우플랑드(솜이 들고 소매가 넓은 긴 외투 — 옮긴이)로 몸을 감싸고, 예쁘장한 머플러로 목을 가린 채, 『팔뤼드』의 첫 부분을 큰 소리로 읽는 것을 즐겼다.

여섯 시에 친한 친구 위벨이 들어왔다. 그는 승마연습장에서 돌아오는 길이었다.

그는 말했다. "어이! 자네 일하고 있나?"

나는 대답했다. "『팔뤼드』를 쓰고 있다네."

비요 씨의 낭독법이 어찌나 뛰어났던지 우리는 그에 매혹되었고 낭독이 끝난 후의 침묵까지도 황홀했다. 수업이 끝나고 우리는 생 미셸 거리의 지베르 죈느 서점으로 뛰어가 중고 지드 책을 찾았으나 늘 허탕이었다.

그 시절부터, 특히 『교황청의 지하도』를 읽은 후부터, 지드는 나의 우상 중 하나가 되어버렸다. 또 다른 우상은 파리의 시네필들을 한달음에 영화관으로 달려가게 만들던 〈시민 케인〉의 오슨 웰스였다. 평생 그랬던 것처럼, 나는 문학과 영화 사이를 왔다갔다하고 있었다. 어떤 때는 액션과 즉각성과 강렬한 감정이 있는 영화에 끌리다가, 또 어떤 때는 심리적 섬세함, 자기성찰, 문체, 글쓰기의 행복—쉼표 하나 찍는 데 아침나절을 다 보내고 다시 그것을 지우는 데 오후시간을 다 보내는—이 있는 문학에 끌렸다.

나는 특별했던 그 저녁의 사진이 아직 남아 있으리라고는 생각지 않는다. 그러나 나는 그들이 함께 있는 것을 봤다. 그들이 악수하는 것을 봤다! 웰스와 지드 말이다. 그날 저녁 콕토도 있었다. 그날 같이 있었던 사람들 중에 아직 살아 있는 사람은 그리 많지 않을 것이다. 아마 알렉상드르 아스트뤽('카메라 만년필설'을 주장했던 영화이론가 — 옮긴이) 정도…… 내게는 그것이 지드와의 유일한 만남이었다.

나는 어머니와 함께 다니는 걸 남들이 보는 게 창피한 나이였다. 그럼에도 불구하고 어머니와 나는 내가 가입해 있던 시네클럽 주관으로 상영하는 영화를 보러 갔다. 생 도미니크 가에 있는 '화학의 집'에서 오슨 웰스의 〈맥베스〉가 세계 최초로 시사회를 갖는 날이었다. 한참 후에야 알게 됐는데, 그곳은 바로 1942년 나치 군사법정에 의해 레지스탕스들이 사형에 처해진 곳이었다.

몹시 추운 날이었다. 오슨이 무대인사차 와 있었고, 콕토가 자청하여 그를 소개했다. 오슨은 셰익스피어를 낭독하기 위해 태어난 듯한 목소리로 그에 화답했다. 이미 대단해진 오슨, 아직 몸집은 자신이 그렇게 좋아하던 돼지비계의 탐식으로 거대해지기 전의 그 오슨과 내가 친구가 되리라고 어디 짐작이나 할 수 있었겠는가. 내게는 그가 너무나 거창해 보였다. 〈시민 케인〉, 〈상하이에서 온 여인〉, 또는 아주 잠깐 나온 〈제3의 사나이〉를 통해 늘 알고 있는 스크린상의 모습 그대로였다. 큰 보폭의 걸음, 신동의 태도, 웃는 눈, 아이 같이 상처입기 쉬운 감성의 흔적인 양 우스꽝스러울 정도로 작은 코가 지극히 매력적인 웰스였다.

그런데 거기에 지드가 추종자들에게 둘러싸인 채 이야기를 나누고 있었다. 옆에는 푸른빛 귀걸이를 한 그의 번역가이자 나의 아버지와 브리지 게임을 즐기던 도로시 버씨가 그를 수행하고 있었다. 80세 가까이 된 지드는 주름투성이의 얼굴에 밤색 모직 케이프를 두르고 머리에 베레모를 쓴 추위를 타는 노인네가 되어 있었다. 나는 매혹된 채 그를 바라보았다. 눈 밑은 처지고, 길쭉한 삼각형의 창백한 얼굴을 한 그는 비요 씨를 연상시켰다. 그날 저녁에 대한 추억이 너무나 빛나고 또렷해서 난 가끔 그것이 지드 본인에 대한 기억인지 아니면 그의 사진들과 저서들을 통해 내 안에 조금씩 각인된 이미지인지 헷갈리곤 한다.

어머니는 나를 기쁘게 해주려고 도로시 버씨를 구슬려 내가 차로 지드를 바노 가 1bis 번지에 위치한 자택에 모셔다 드릴 수 있게 주선했다. 우리는 그 당시 검정색 시트로엥 11 경차를 갖고 있었는데 차번호 307 RS3은 아직도 기억이 난다. 나는 막 면허를 취득한 초보 운전자였고, 지드는 내 오른쪽 사자死者의 자리에 앉아 있었다. 늦은 시간이라 거리에는 우리의 모험에 제동을 걸 수 있을 만한 사람이 아무도 없었다. 당연히 나는 가장 있을 법하지 않은 코스를 상상해내어 일부러 진입 금지 방향으로 들어섰고, 생 도미니크 가와 바노 가 사이의 거리가 너무나 짧아 보인 나머지 시속 10 킬로미터로 천천히 달렸다. 지드는 이 사기극을 눈치 챘을 터였으나 한마디도 하지 않았다. 그러나 그는 내가 마치 대서양 깊은 곳에서 진주를 찾아 헤매는 잠수부처럼 그의 입술에 매달리고 있다는 것을 느끼고 있었다. 마침내 그는 앙상한 무릎 사이에서 지팡이를 돌린 후 내 쪽으로 몸을 기울였다. 그의 평범한 문장은 아직도 내 머릿속에 이상할 정도로 분명하게 남아 있다.

"그래, 자네는 무슨 일을 할 작정인가?"

나는 그 말이 진부하다는 것을 알았지만, 차 안에는 신神이 타고 있었다. 나는 아무 생각도 할 수 없었다. 나는 아무 말이나 주워댔다.

"나중에 글을 쓰고 싶습니다. 아니면 불어를 가르치거나

요."

지드는 고개를 끄덕였다. 나는 곁눈질로 그를 살피고 있었다. 그가 내게 건넬 말의 단 한 조각이라도 놓칠까봐 가슴을 졸였다.

"아, 그거 좋구먼." 그는 이렇게 말하며 극히 얇은 입술에 유령같이 희미한 미소를 띄웠다.

나는 그렇게 밤새도록 운전할 수도 있었을 것이다. 시간의 미로 속에서 길을 잃은 채 영원히 그곳에서 벗어나고 싶지 않았다. 그러나 슬프게도 우리는 바노 가에 다 와 있었다. 지드는 힘겹게 시트로엥에서 내렸다. 아니 도로시가 그를 차에서 내릴 수 있게 부축했다. 그리고 그는 인사하러 내린 내게 전혀 속은 기색 없이 말했다.

"태워다줘서 고맙네, 젊은이."

그 말은 마치 송곳처럼 나를 찔렀다. 그 말은 진정 『교황청의 지하도』에서 라프카디오가 자신을 벌하기 위해 가하는 푼타punte(자신의 기준으로 자존심이 상했을 때 송곳으로 장단지를 찔러 스스로를 벌하는 것 – 옮긴이) 중 하나였지만, 아무 근거도 없는 그 유명한 행위와 달리 이번에는 이유가 분명했다.

그리고 그가 단 한 번도 뒤돌아보지 않고 미끄러지듯 종종 걸음으로 대문을 넘어 건물 속으로 빨려 들어가는 동안, 나는 문학의 위대함과 신비를 간직한 그 유명한 인물의 뒷모습이 사라져가는 것을 지켜보았다.

어머니 덕택에 나는 위대한 인물의 손을 만져보았다! 라프카디오의 아버지라니! 내가 도서판매 행사에서 감히 사인을 부탁했던 지드, 웰스, 콕토, 사르트르, 그리고 트렌치 코트를 입은 카뮈 같은 그 천재들의 행렬이, 열일곱 살밖에 되지 않은, 게다가 소심하고 스스로에게 불만족스러워하고 인생에 대해 아무것도 모르며 친구도 별로 없고 가끔 예술 행사에나 참여하던 그런 청년에게 어떤 의미였는지 상상하기 힘들 것이다. 그러나 나는 찬미하는 경향이 있었고, 향후 개척할 분야에서 아무리 작더라도 제 몫을 다하겠다는 꿈같은 욕망에 부푼 청년이었다. 나는 그 동일한 열정을 칸 영화제에서 위대한 인물들을 만날 때마다 되찾게 된다. 그것은 언제나 짜릿했고 앞으로도 영원히 그럴 것이다.

그날 저녁, 어머니는 내가 당신 방으로 다시 찾아가자 깜짝 놀라셨다.

"안녕히 주무시라는 말씀을 못 드려서요." 나는 말했다.

나는 『사전꾼들』, 『사슬 풀린 프로메테우스』 등 그동안 몰랐던 지드의 책들에 달려들었고, 하루는 『일기』에서 다음의 확고부동한 확인과 마주했다. "우유 마심Bu du lait."

이 정도의 정제된 문장에 도달하려면 몇 년간의 수련이 필요할까? 나는 이 노작가가 그때 내게 생각보다 훨씬 많은 말을 한 것이었다고 결론지었다. 결정은 내려졌다. 나는 작가가 될 것이었다.

3년이 지나 내가 어떻게 영화광이 됐는지 아주 또렷하게 기억한다.

사실을 말하자면, 나는 뒤비비에의 〈천상의 왕국〉을 본 후로 수잔 클루티에와 사랑에 빠져 있었다. 그녀는 담갈색 눈동자와 모델 같은 눈부신 몸매를 하고 있었고, 우리는, 에두아르 7세 극장에서 〈아무 생각 없는 가재〉의 공연이 끝난 후 내가 그녀의 자리로 찾아간 이래, 두세 번 데이트를 한 사이였다. 그녀는 그때 당시 오슨 웰스를 위해 데스데모나가 되어 있었고, 모로코의 모가도르에서 〈오델로〉를 찍고 있었다. 질투라는 게 전염성이 있어서, 나는 그로 인해 고통스러웠고 그녀를 갑작스럽게 찾아갈 수밖에 없었다. 나는 당시 『카이에 뒤 시네마』의 공동 편집장이었던 도니올 발크로즈와 테니스를 치는 사이였다. 그는 내가 지금도 간직하고 있는 해외특파원 신분증을 줬고, 나는 마라케시를 거쳐 웰스를 인터뷰하러 갔다. 내가 막 도착했을 때, 미리 연락을 받고 온 조감독쯤 되는 사람이 아주 중요한 장면을 촬영 중이라고 말했다. 오슨이 생각해낸 오델로와 데스데모나의 공동 장례식 장면으로, 영화에서 프롤로그로 사용될 예정이었다. 그는 내게 말했다. "괜찮으시다면, 군중 중 한 명을 맡아주시면 좋겠는데요. 엑스트라가 충분치 않아서요." 나는 그가 건넨 낡은 뷔르누스(아라비아 사람들의 두건 달린 겉옷 – 옮긴이)를 입고 함께 성벽까지 달려갔다. 웰스는 거기서 눈의 흰자위를 도드라지게 하는 베니스 무어인의 분장을 지우지 않은 채 기술 스태프와 배우들을 지휘하고 있었는데, 아직 내가 와 있다는 사실을 모르고 있었다. 웰스는 석양이 황토색 바위에 비스듬히 떨어지는 '마법의 시간'을 한참 기다린 후였다. 그 장엄한 배경 속에서, 갈매기들이 폐허 위를 끽끽거리며 날고 있었고, 바닷바람은 낚시 그물들을 흔들었으며, 두 줄로 늘어선 수도사 행렬은 감독의 명령하에 그들의 느린 행보를 다시 시작하고 있었다. 상황이 상황이니만큼 수잔도 자신이 나오는 장면을 찍는 대신 머릿수를 채우기 위해 흰 베일을 쓴 채 일행이 되어 엄숙하게 전진하고 있었는데, 흡사 자신의 장례식에 참여하고 있는 것 같았다. 나는 그녀 옆으로 슬쩍 다가가서 그녀의 손을 잡았다. 아무도 내 술책을 눈치 채지 못했고, 그녀는 손을 뿌리치지 않았다.

"내가 수녀가 되고 싶었다는 거 알죠?" 나처럼 그녀도 그 장면의 장엄함에 감동하여 미소를 머금은 채 속삭였다.

다음 날 호텔에서 오슨과 인터뷰를 하기로 되어 있었다. 내가 방문을 두드렸을 때 그는 수잔과 말다툼을 하고 있었다. 나는 그녀가 그에게 화가 나 있다는 것을 알아차렸다. "당신이 그 어린 베시가 더 좋다면, 그 애더러 역을 맡으라고 할 시간은 아직 있어요. 그럼 도대체 몇 번째 여자가 되는 거죠?" 라고 그녀가 말했다. 웰스는 나보고 들어오라고 소리쳤다. 그는 침대에 편하게 누워 있었고, 나는 그냥 나가려고 했다. 그때 그가 발로 이불을 걷어차며 일어났고, 그의 징크스대로 옷을 입은 채 잠자리에 들었던 것을 알 수 있었다. 웰스는 음악을 연주하는 무어 카페에 함께 가자고 했다. 마차 비슷한 것을 타고 근처까지 간 뒤 경사진 좁은 길을 따라 들어갔다. 기도시간이라 한적한 실내에서 어린 소년이 김이 모락모락 나는 박하 차를 내왔다.

"나더러 글쎄 〈교황청의 지하도〉를 찍어보지 않겠냡니다."

웰스는 폭소를 터뜨렸다.

"원래 르네 클레망이 찍기로 되어 있었는데 카드 점을 봤더니 영화가 잘 안 될 거라고 나왔나 봐요. 저기 아랍 노인네가 카펫에서 웅크린 채 피고 있는 대마담배만큼이나 확실한 것이지요. 그래서 아마 날 생각한 것 같아요."

그는 다시 웃음을 터뜨렸다.

"라프카디오 역에…… 솔직히 〈선셋 대로〉에 나왔다는 이유로 윌리엄 홀덴이 라프카디오 역을 한다는 게 그림이 그려집니까? 물론 영어로 찍어야 하다 보니 그런 거겠지만. 근데 당신네 기사로 아직 나가면 안 됩니다. 지드가 죽은 이상, 딸한테서 허락을 받는 일이 남았거든요."

나는 더 이상 듣고 있지 않았다. 나는 수잔에게 카롤라 역이 더 맞을지, 쥬느비에브 드 바랄리울 역이 더 맞을지 생각해보고 있었다. 어떡하랴, 사랑에 빠졌는걸. 이런 곡절로, 나는 내가 어떻게 인생광이 됐는지 아주 또렷하게 기억한다.

덜 알려진 사실은 그 다음 날 마지막 촬영 후에 있은 뒤풀이에 수잔이 나타나지 않았다는 것이다. 나는 그날 밤 그녀가 아무 말 없이 사막으로 떠났다는 걸 알게 되었다. 속으로 꾹꾹 참았던 것이 터진 것일까? 누구 혹은 무엇으로부터 도망친 것일까? 당시 신문들은 중공군이 한국에 진입했다는 뉴스로 도배를 하고 있었고, 그녀의 실종에 대해서는 침묵했다.

내가 돌아왔을 때 어머니는 말씀하셨다. "여자란 예측 불가능한 존재라는 걸 언제쯤이나 깨닫겠니?"

수잔은 2주가 지나서야 런던에 다시 모습을 드러냈는데, 종국에는 거기서 피터 유스티노프와 결혼했다.

나는 우리가 아무 말 없이 연기演技했던 모가도르에서의 그날 저녁을 떠올린다. 그녀는 베니스 무어인의 부인이었고, 나는 이아고였다. 그녀의 연한 머리칼은 황혼 속에서 왕관처럼 빛나고 있었다. 난생처음 꺼내는 이야기다.

질 자콥

Ballaciner

tomber du ciel
de nu a ge

en nuage
au milieu des

é c l a i r s

영화의 꿈 속을 거닌다

하늘에서 떨어진다
구름에서

구름으로

반짝임들
사이로

한밤에 빛이 있다, 유랑하는 지구 주위에, 그 빛은 다른 곳에서 오나니.

그리스 철학자 파르메니데스의 시가 발견한 이 빛은 25세기가 지난 후 시네마토그래프에 의해 재발견되었다. 스크린을 비추는 이 다른 곳에서 오는 빛은 달이 반사하는 빛과 마찬가지로 밤을 필요로 하고, 달은 원반, 거울, 더 정확히 말해서 렌즈와 닮았다. 영사기나 카메라 옵스큐라를 발명한 것은 나뭇잎들의 틈새로 자신의 이미지를 투사하는 바로 그 달이 아닐까? 스크린에 새겨지는 빛다발은 우리가 사각 틀에 맞추기로 하지 않았더라면(아마 화폭이 사각형이라는 점에 전염됐을 것이

다) 원형이 되지 않았을까? 그리고 다른 곳에서 오는 빛을 재생해내기 위해 발명된 카메라나 영사기 같은 기계들은 너무나 하얗고 너무나 대비가 강한 이 달빛, 한밤의 달빛이 지니는 질감 자체를 재현해내지 않았는가? 그리하여 현실과 멀리, 아주 멀리 떨어진 어두운 영화관에서 우리가 꿈꾸던 삶을 살 수 있도록 해주지 않았는가?

단번에 모든 것이 실재하는 것과 꾸며낸 것, 체험된 것과 상상된 것, 믿는 것과 욕망하는 것 사이의 모호함 속에서 행해졌다. 뤼미에르 형제의 〈물에 젖은 물 뿌리는 남자〉를 보고 웃을 수 있었던 것은 멀리 떨어져 관람하면서 관객 자신은 안전하다고(물에 젖지 않는다고) 믿었기 때문이다. 앙리 베르그송은 영화에서 자신의 웃음 이론의 증거들을 발견했다. 다른 어떤 장르도 그에게 웃음의 기계적인 작동원리에 대해, 즉 모든 기계적인 작동처럼 웃음도 매번 동일한 성공을 거두며 무한정 재조립되고 실행될 수 있다는 데 대해 확신을 주지 못했었다. 함정의 반복, 지속, 단순성은 잘 맞아 들어갔고, 터져 나오는 웃음은 우리가 한발 물러선 단순한 관객임을 증명했다.

다른 곳으로부터의 빛. 이 '빛'이라는 단어가 시네마토그래프와 그 역사에 연결되어 있다는 것은 정말 놀라운 일이다.

빛은 영화에 앞서 존재한다. 그것은 존재의 표현이다. 그것은 가장 먼 과거 속, 알타미라 동굴 깊은 곳 내벽에서 빛난다. 거기에는 옛 조상들이 그려 넣은 형상들이 존재한다. 물소 떼, 산양들, 얼굴을 가린 전사들, 창을 휘두르는 사냥꾼들의 형상은 횃불의 움직임에 의해 살아나게 될 것들이었다.

전기빛이여, 있으라! 시네마토그래프는 필라멘트 전구가 사용되기 이전에 걸음마를 내디뎠다. 19세기의 마법환등기가 바로 그것으로, 프루스트의 『스완의 사랑』에서 끊임없이 쥬느비에브 브라방의 이야기가 반복되는 첫 부분에 묘사되고 있다. 또한 그것은 잉마르 베리만이 이야기하는 '마법의 등'으로서, 감독을 이미지의 세계로 입문시킨 안내자였다. 혹은 내가 어렸을 때 할머니의 회랑에서 바라보던 환등기로, 기름 램프로 밝혀지던 회랑의 유리판들에 그려진 다채롭고도 희미한 이미지들은 라퐁텐의 우화나 페로의 단편에 나오는 장면들을 내 눈앞에 펼쳐놓았다.

그러나 거기에는 움직임, 다시 말하면 생명이 빠져 있었다. 잔상효과에 대해서는 오래전부터 알고 있었다. 어려서 나는 톰 티트의 훌륭한 책, 『재미있는 과학』 덕택에 그에 관해 학습

했다. 그 책에는 중심에 좁은 틈새가 난 둥근 마분지와 받침이 있어서 말이나 사람이 달리는 것처럼 보이게 하는 원반형 슬라이드 트레이를 즉석에서 만들 수 있었다. 고대 크메르의 앙코르 왕자들도 마차 창문을 통해 돌로 된 코끼리들의 행진을 바라보면서 같은 놀이를 했다고 한다. 고대 그리스의 사상, 즉 제논의 화살의 변형으로 볼 수 있는 새들의 비상, 말의 뜀박질 등 움직임에 대한 그 모든 의문 제기들로 되돌아갈 필요가 있지 않을까? 물론 사진과, 이어서 영화가 그 해답의 단초를 제공했다. 그러나 그 둘이 시간의 문제까지 해결해주었는가?

〈기차의 도착〉과 〈뤼미에르 공장에서 퇴근하는 노동자들〉은 갑자기 그와 같은 문제를 더 이상 제기하지 않는다. 그 움직이는 이미지들은 현실을 확증해주고 그것을 결정적이고 갑작스럽게, 마치 하나의 원칙처럼 제시한다. 생명의 움직임은 일종의 기지既知의 조건이 되어버린다. 관객은 더 이상 사고하지 않는다. 더 이상 한발 물러서서 성찰하지 않고 눈을 깜빡이지 않는다. 공포심을 품고, 경이로워하고, 웃고, 자신을 망각한다. 시네아스트 로베르 브레송은 영화가 최초의 관객들에게 끼친 영향에 대해 다음과 같이 회고한 바 있다. "우리를 놀라게 한 것은 나무들이었다. 왜냐하면 잎들이 움직이고 있었기 때문이다".

시네마토그래프에 의한 최초의 영화들 중 하나에서 루이 뤼미에르는 형제인 오귀스트 뤼미에르가 가족과 함께 정원에서 아기에게 음식을 먹이는 것을 찍었다. 〈아기의 간식〉이라는 제목의 영화이다. 정원 깊숙한 곳에서 나뭇잎들이 바람에 흔들리고 있다. 백 년이 지난 지금, 우리는 이 평범한 장면을 보고 동일한 경이감에 휩싸인다. 그것이 마치 우리 자신의 추억 중 하나처럼 생각된다. 우리 자신이 정원에 지나가는 바람을 느끼고 접시에 부딪히는 숟가락 소리와 웃음소리, 부모의 다정한 말을 듣는 것처럼 느껴지는 것이다.

나는 달의 비유를 좋아한다. 어린 시절 내가 보았던 영화의 빛이 지닌 속성 때문일까? 그 빛은 창백하고 진줏빛이 나며 오톨도톨하고 다소 회색을 띠는 빛, 혹은 반대로 지나치게 적나라하고 온기가 없는 빛, 꿈과 유령들이 불쑥 솟아나기에 꼭 맞는 그런 빛이었다. 달은 꿈의 별이고, 그 둥근 모양은 은거울 혹은 렌즈, 아니면 영사기의 전기램프에서 나오는 빛다발을 반사하는 볼록거울이다. 영사기는 달빛처럼 스크린의 백색에 도달하기 전 시간 속 여행을 거친 빛을 발산한다. 그 빛이 밝혀주는 것은 그림자들의 공연이다. 사람들이 보게 되는 순간에 실루엣의 남자들과 여자들은 스크린에서 살아 움직이고 있지만 실제로는 존재하기를 그쳤기 때문이다.

영화가 탄생하기까지 엄청난 기술상의 난관들이 있었다. 야외나 실내에서 고정 카메라로 찍은 초기 영화들은 짧은 테스트 필름에 불과했다. 흔들리고 빛이 지나치게 들어가 눈이 부시는 이 짧은 영화들에서는 실재에 대한 서투른 모방 외에 다른 것을 찾아보기 힘들다.

때로는 감동과 익살, 그리고 확신컨대, 경악이 뿜어져 나오기도 했다. 초기 영화는 내부에 바쳐진 것 같다(깊은 동굴 속 내벽을 기억하라). 바깥에는 햇빛과 바람이 너무나 강했고, 너무나 많은 나뭇잎들이 움직이고 있었다. 그리고 밤, 진짜 밤은 너무나 칠흑 같았고, 필름은 별들의 반짝임을 잡아낼 능력이 없었다.

예술(필름 다르Film d'Art 설립부터 MGM사 창립까지의 시기를 봐도 예술을 원하는 것 같다), 모험, 사랑, 감동을 원한다면, 영화에서 기발한 기계의 외피를 떼어내고, 그것이 제공하는 유아기적인 경이를 잊어야 한다. 영화의 본질은 달과 같아서, 멀면서도 친근하고, 현실감을 만들어내지만 결코 현실이 되지는 못한다. 초기 영화들은 연극과 소설의 레퍼토리에서 이야기와 장면들을 가져왔다. 그들에게 영감을 준 것은 신화와 익살극 사이의 그 무엇이다. 그것은 관객들이 기대하는 것이기도 했다. 웃음이나 눈물, 공포, 동정심.

아마도 망각 또한 기대했을 것이다. 모리셔스 섬에 살던 나의 아버지는 열일곱 살의 나이에 집안이 망해 고향집에서 쫓겨나게 되었다. 그는 영국군에 지원하여 유럽으로 싸우러 가기 위해, 생판 모르는 전쟁에 참여하기 위해, 나이를 속였다. 그리고 불안을 잊기 위해 당시 영화관으로 바뀐 퀴르피프Curepipe 극장에서 상영된 초창기 필름 다르 영화 한 편을 보러 갔다. 소포클레스를 각색한 〈오이디푸스 왕〉이었다. 감독은 앙드레 칼메트. 1908년 작이다. 극장의 골함석 지붕 위로 소나기가 빗발쳐 흐르고, 모카Moka 시와 고향집 위로 천둥먹구름이 쌓이고, 세상의 반대편, 마른Marne 계곡 위로는 훨씬 무서운 또 다른 폭풍이 태세를 갖추고 있을 때, 과연 그 영화가 어땠을지, 모리셔스 섬의 후끈한 겨울 속에서 장님이 된 오이디푸스를 연기하는 무네-쉴리Mounet-Sully의 드라마틱한 연기가 어떻게 느껴졌을지 나는 늘 궁금했다. 심사가 복잡했을 그날 오후에 대해 내가 아는 것은 아무것도 없다. 단지 아버지의 작은 수첩뿐. 거기에는 연필로 쓴, 시간과 더불어 반쯤 지워진 메모가 있다. "1914년 12월 10일, 〈오이디푸스 왕〉을 보러 영화관에 갔다."

어린 시절의 내게 영화는 무엇보다도 오늘날의 TV와 DVD처럼 집에서 즐길 수 있는 오락거리를 의미했다. 전후에 할머니는 우리가 살던 집 회랑에 파테 베이비Pathé Baby 영사기, 하얀 천을 벽에 걸어 만든 임시변통 스크린, 아이들을 위한 의자들로 구성된 영화관을 만드셨다. 영사기와 영화 프린트들은 할머니의 친구인 가비Gaby가 제공한 것이었다. 가비는 평생 파테사社에서 일했는데, 그녀에 대해선 조금 뒤 다시 이야기할 것이다. 그녀가 가져온 상자 속에는 온갖 영화들이 들어 있었다. 30년이나 묵은 뉴스 릴, 파리와 에르므농빌의 광경들, 꽉 끼는 코르셋과 꽃 달린 모자로 치장한 낯선 미녀들(할머니나 가비의 친구들, 혹은 파리 10구의 파테 스튜디오로 오디션을 보러 온 배우 지망생들일지도 모른다), 알제리나 그랜드노스에 관한 다큐멘터리들, 자동차 경주들(내가 특히 좋아한 시퀀스는 바퀴가 높은 차들이 커브를 틀다가 전복되는 장면이었는데, 뒤집히는 움직임이 얼마나 느렸던지 파일럿들이 그 틈에 내려서 옆으로 피할 시간이 있을 정도였

다) 등등. 핸들 달린 영사기 덕분에 슬로모션과 정지화면을 실험해볼 수 있었다(그러나 너무 오래 지체하면 안 되었다. 영사기 램프가 필름을 태울 수도 있었기 때문이다). 나는 핸들을 반대 방향으로 돌림으로써 역동작의 즐거움 또한 발견했다. 낙하산을 메고 뛰어 내리는 내용의 프린트가 특히 거기에 적합했다. 남자가 낙하산 줄에 의해 끌어당겨져서 지면으로부터 튀어 오르고, 이어서 낙하산이 접힌 후 남자가 복엽기의 열린 문으로 덥석 물려 들어가고, 비행기가 뒷걸음질쳐 날아가는 것을 볼 수 있었다. 나는 이 작은 영사기 덕택에 영화의 모든 기술들, 슬로모션, 편집, 고정 숏, 줌과 연초점을 실험할 수 있었던 것 같다(이들 실험 중 몇 가지는 주로 필름이 낡았던 데 연유한다). 수리를 위해 우리는 특수 접착제와 빨래집게를 갖고 있었다. 나중에 할머니가 파테 베이비를 대형 프린트용 영사기—여전히 핸들은 달린—로 바꾸기로 결정하시면서 나는 공연예술을 발견하게 되었다. 나는 서로 다른 필름을 이어 붙여 대략 20분짜리 영화들을 만들었는데, 그것은 좀더 논리적인 구성에 따라 일련의 다큐멘터리들(〈1918년 승리의 축제〉, 〈복엽기로 하는 오리사냥〉, 〈루르Ruhr 침략〉, 태풍이나 일몰 장면들, 식물원의 낙타, 애니메이션, 코미디 영화들)을 재편성한 것이었다. 상영에 친구들을

초대할 때면 나는 프로그램을 소개하는 포스터들을 만들기도 했다.

내가 할머니의 회랑에서 발견한 것은 영화라는 세상으로 난 창이었다. 전후 시대의 적대적이고 방어적인 벽에 뚫린, 실제 삶을 향해 열린 창. 스크린이 우리에게 보여주던 장면들은 이미 사라진 지 오래였지만 나는 그 사실을 몰랐다.

둥근 모자와 카이제르 수염, 검은 눈을 하고, 단속적인 보폭과 과장된 몸짓을 보이는 신사들, 모자에 달린 베일로 얼굴을 가리고 한껏 부푼 치마와 꽉 조이는 코르셋에 반장화를 착용한 숙녀들, 지나친 화장으로 지나치게 하얀 그 얼굴들, 하트 모양으로 그린 입술들, 의미심장한 눈 깜빡임과 곁눈질, 나는 그들이 아직 살아 있다고, 벽 너머 저편에 그들이 속한 도시와 나라에서 살고 있다고 믿을 수 있었다. 어쩌면 그것은 사라져 버린 그 문명의 마지막 요소들이리라. 독일군인들이 바퀴를 훔쳐간 후 건물 안마당에서 내 놀이터가 되어버린 할머니의 드 디옹 부통De Dion-Bouton 자동차처럼.

꿈의 기계에 입문하면서 나는 또 다른 현실, 좀더 생동감 있고, 좀더 우습고, 일상적 현실만큼이나 터무니없는 그런 현실을 내 것으로 할 수 있었다. 그 기계는 다른 차원의 느낌, 환상, 무대의 이면(그렇다면 대체 무대는 어디였을까?), 상상의 세계, 다시 말하면 그냥 이미지 자체를 선사했다.

어린 시절 나는 영화관에 가지 않았다. '공연'이 뭔지 몰랐고, 사실과 허구를 구별할 줄도 몰랐다. 나의 유일한 기준은 책들, 특히 사전들, 좀더 구체적으로는 할머니의 책장 한 단을 차지하고 있던 스무 권짜리 『대화 사전Dictionnaires de la conversation』이었다.

일리아 에렌부르크Ilia Ehrenbourg가 파테 베이비의 혁명이라고 표현한 것은 지당하다. 혁명적이었던 것은 각 가정에서 그들만의 마술을 부릴 수 있게 된 사실이다. 나는 어두운 회랑(우리는 전시戰時 소등에 사용되었던 파란 종이로 창문들을 틀어막았다)의 하얀 천 위로 유령 같이 살랑거리는 이미지들이 살아나는 것을 보았다. 마침 우리가 최고로 꼽은 영화는 해롤드 로이드 주연의 〈도깨비 유령Haunted Spooks〉이었는데, 혼자 걸어 다니는 국자들을 보면서 많이 웃었고 또 그만큼 많이 공포에 질렸던 것이 기억난다. 애니메이션에서는 큰 칼을 움켜쥔 식인귀가 딸들의 목을 따기 전 그들의 머리를 쓰다듬는 것을 보면서 조마조마한 공포의 감미로움을 맛보았다. 나는 바로 이런 영화들을 보면서 난생처음 미적 감정을 경험했다. 오랫동안 나는 그것으로 만족했고, 다른 것을 필요로 하지 않았다.

다른 곳, 바깥세상에서는 영화가 존재하고 있었다. 괄목할 만한 도약을 이루어낸 상태였다. 멀리에서, 가까이에서, 비장함과 웅장함을 찍었고, 배우들은 말하고 노래했고, 음악은 비통한 장면들, 개그, 사랑의 입맞춤을 장식해주었다. 스타들이 등장했고, 또 사라졌다.

그러나 아직 몸이 반쯤 전쟁 중에 있던 내게는 모든 것이 그 회랑 끝에 있었다. 그곳에는 찢어지거나 불붙기 쉬운 영화들과 낡은 영사기가 있다. 우리는 따르라기 소리를 들으며 영사기 핸들을 손목이 아플 때까지 돌려야 했고, 렌즈를 돌리며 초점을 맞춰야 했으며, 금이 간 곳을 수리해야 했고, 필름을 여섯 개의 바퀴 위로 달리도록 다시 바꿔 끼워야 했다.

어린 시절이었다. 그때는 나도 어렸고 영화도 어렸다. 그 회랑에서 나오자마자, 그리고 나와 현실 사이에 얼마나 큰 괴리가 존재하는지를 이해하자마자, 매혹은 중단되었다. 내게는 다른 것, 좀더 광대하고 좀더 소란스러운 것이 필요했다. 가령 단체 공연 같은 것이. 나는 낡은 영사기와 영화 프린트들을 상자 속에 정리했다. 나는 영화관으로 갔다.

#1

편집기사 가비는

1880년대 말에 태어났고, 샤를 파테가 우여곡절 끝에 뱅센과 주엥빌에 스튜디오를 열어 영화관용 영화를 대량 제작하기로 결정한 1901년에는 아마 10대였을 것이다. 나는 그녀가 니스에서 말년을 보낼 때 잘 알게 되었는데, 그녀는 생계를 위해 궁여지책으로(당시 노동자들은 연금 혜택을 전혀 받지 못했다) 그림을 복원하거나 전등갓을 장식하는 일을 했다. 독특한 여자로서, 평생 독신이었고, 매우 아름다우면서 까다로운 성격의 소유자였다. 그녀는 나의 할머니의 먼 사촌쯤 되었고, 집안에서는 독립적이고 태평스러운 예술가로 통했다. 앞날에는 완전히 무관심하여 별명이 시갈루(cigalou, '매미'의 프로방스 지방 방언. 라퐁텐 우화의 베짱이 – 옮긴이)였다. 나는 그녀를 좋아했다. 그녀는 여동생과 함께 야생기가 남은 고양이 떼에 둘러싸인 채, 황폐한 별장 지하에서 살았다. 나는 그녀가 뱅센에 위치한 파테 편집실에서 일했다는 것을 알고 있었지만 그녀가 자신의 추억담을 풀어놓게 할 만큼의 호기심은 가져본 적이 없었다. 게다가 그녀도 그것을 내켜하지 않았을 것이다. 자신의 젊은 시절을 싫어한데다, 노인네들이 말이 많은 것을 그다지 좋게 보지 않았던 것이다. 그녀의 과거 영화인생에 대해 내가 알고 있는 것은 사람들에게서 주워들은 단편적인 것들뿐이었다. 가비를 둘러싼 이 모든 것은 향후 내가 영화에 대해 갖게 될 관점과 무관하지 않았다. 많은 아이들에게, 심지어 청소년들에게도 영화란 스크린에 영사되는 필름에 지나지 않는다. 기껏해야 그들은 남녀 배우들에게 관심을 갖거나 잡지에 실린 연예계 가십을 읽는 데 그친다. 가비와 그녀를 둘러싼 일종의 전설 덕택에 나는 아주 일찍 스크린 뒤에 숨겨진 세계, 무대 뒤에서 세트를 책임지고, 필름을 현상하고, 색을 입히고 보정하고, 필름을 자르고 붙이고, 자막이나 크레딧을 만드는 노동자들과 기술자들의 세계를 알게 되었다.

가비는 아주 일찍 파테사에 들어간 것으로 짐작된다. 집안의 불상사로 그녀와 여동생은 완전히 빈털터리에 앞날이 막막한 고아 신세가 되었다. 일을 해야만 했다. 여동생은 피아노를 치고 영어를 할 줄 알았고, 그녀는 그림을 잘 그렸다. 일자리를 구한 것은 가비였다. 그녀는 1910년경에 입사하여 편집, 세트, 채색을 담당했는데, 1930년대 파테 공장이 나탕 형제에게 넘어가자 회사를 떠나야 했다. 영화계에서 일한 20년, 어떤 영광도 어떤 흔적도 남지 않은 세월이었다. 나는 그녀의 손을 거쳐간 수천 킬로미터에 달하는 온갖 종류의 영화들을 상상할 수 있다. 내가 어린 시절 본 모든 영화들, 할머니 댁에서 급조한 스크린 위에 1920년에 샤를 파테가 상업화한 그 유명한 파테 베이비 영사기로 영사한 영화들은 그 시절 것들이었다. 편집이 끝난 후 버려진 필름 조각들이었을까? 아니면 가비가 노동의 대가로 몇 개의 샘플을 가져왔거나, 저렴한 가격으로 프린트들을 살 수 있었던 것일까? 할머니 댁에서 우리가 영화를 건져내던 상자들 속에는(가비는 한 번도 영사기를 살 만한 능력이 되지 않았다) 영화사 초기의 최고와 최악의 영화들, 코미디 영화들, 처참한 수준의 리가댕 시리즈(〈리가댕과 예쁜 매니큐어〉, 〈리가댕의 결혼〉), 혹은 보시트롱 시리즈(〈발명가〉, 〈아기의 젖병〉)가 있었다. 다큐멘터리와 애니메이션(〈엄지왕자〉, 〈라퐁텐 우화〉, 그리고 아주 독특한 애니메이션 중 하나로, 지나가던 행인이 건물의 계단까지 차에 쫓기는 것을 보여주는 〈어느 보행자의 시련〉)도 있었다.

이 영화들 중 몇몇에는 명백히 가비의 손길이 느껴졌다. 한 번도 내 앞에서 그녀가 일부러 얘기한 적은 없지만 나는 번데기에서 나오는 나비나, 막 피어나고 있는 동백꽃 한 송이를 보여주는 그 영상들이 그녀에 의해 한 장씩 일일이 채색된 것임을 알았다. 1분 30초짜리 영화 한 편을 위해서는 대략 2천 장 정도를 붓으로 직접, 돋보기를 통해 보면서 색칠해야 한다.

가비가 이렇게 일한 것은 뱅센 공장의 전성기 때였는데, 샤를 파테 자신의 말에 따르면, 당시 공장은 두 명씩 팀을 이루어 매일 총 40 킬로미터 길이에 달하는 영화들을 뽑아내던 천여 명의 여공들로 마치 벌집과 흡사했다고 한다. 나는 극히 파리지엔적인 젊은 그녀가 앞치마를 두르고 금발머리를 뒤로 질끈 묶은 채 시끌벅적한 작업장에서 그 정교한 작업에 전념하는 모습을 상상할 수 있었다. 그녀의 인생은 파테 공장의 인생과, 그리고 어떤 면에서는 처음 발명된 시네마토그래프의 역사와 하나가 되었다. 샤를 파테가 영화를 찍고 있을 때 그녀가 스튜디오를 방문한 적이 있을까? 당시 남녀 배우들, 그레티야와 데

퐁텐, 르프랭스, 몽카, 미셸 카레, 혹은 루이 푀야드와 그의 극단, 르네 칼, 이베트 앙드레요르, 잔-마리 로랑 등을 만났을까? 그리고 누가 알겠는가, 조르주 멜리에스와 파테 스튜디오의 천부적인 만능 재간꾼 막스 린더를 봤을지도. 아마 그녀는 당시의 감독들, 우선 파테 스튜디오의 지원을 받았던 제카와, 구겐하임과 함께 영화작가문인협회를 이끌었던 알베르 카펠라니, 또는 아프리카에 관한 초기 다큐멘터리들을 감독한 알프레드 마생을 봤을 것이다. 그녀는 뱅센 스튜디오를 왔다갔다 하면서, 그의 주목을 끌지 않고—『클로딘, 학교에 가다』(작가 콜레트의 소설 제목—옮긴이) 식으로 머리모양을 한 큰 눈망울의 평범한 소녀였기에—, 노인이 된 샤를 파테를 직접 볼 수 있었을 것이다. 단정한 회색 정장에 중절모를 쓰고, 사람 좋아 보이는 게 꼭 만담가 알퐁스 알래를 닮은, 그 항상 예의 바르고 우아한 신사를.

그녀는 그림 솜씨가 뛰어났던 것 같고, 그 덕에 니스로 가서 1910년대 말 문을 연 파테 스튜디오에서 일하게 되었다. 니스에 살던 시절에 대해서는 내게 이야기했던 것 같다. 그때가 그녀의 삶에서 가장 행복한 순간이었던 것을 내가 알고 있으니 말이다. 파테사는 자사 기술자들을 위해 '프로므나드 데

장글레'(니스의 해변을 따라 나 있는 거리 이름으로 '영국인들의 산책로'라는 뜻—옮긴이)를 따라 과거 방벽이었던 곳에 지어진 일련의 작은 집들을 임대했다. 겨울이건 여름이건 가비는 매일 아침 일하러 가기 전, 집에서 나와 산책로를 통과한 후 지중해에서 해수욕을 즐기곤 했다. 니스의 촬영장에서 그녀는 쫓고 쫓기는 추격전의 프랑스 전문가이자, 지금은 잊혀진 〈카시미르〉와 〈리틀 모리츠〉를 만든 시네아스트 로메오 보세티를 만났을 것이다.

세상은 많이 달라졌다. 오늘날 '프로므나드'는 몰려드는 차들로 복잡하고, 해변은 가까이 갈 엄두가 나지 않을 정도로 사람들로 넘쳐나며, 빅토린 스튜디오는 공백기를 겪은 후 재기하기에 역부족이다. 그렇지만 '프로므나드'의 그 작은 집들 앞을 지날 때마다—그중 몇 개는 벨 에포크의 지나간 매혹을 다소 간직하고 있다—나는 목욕가운을 걸친 채 자갈 해변까지 걸어가 태양을 마주보고 시푸른 바다 속에서 헤엄치는 가비를 떠올려본다. 그것은 완벽한 이미지, 즉 천부적인 솜씨 덕택에 곧 세계적인 것이 될 예술의 도래를 위해 극히 겸손하게 일하면서 자기 힘으로 살아가는 자유로운 여성의 이미지이다.

가비는 자신이 직접 영화를 찍어보려고 했을까? 그녀는 인생의 한순간, 뱅센 스튜디오에서 일하던 시절에, 촬영기를 사용할 수 있었고 초보적인 시도를 했던 것으로 보인다. 파리의 할머니 집을 보여주는 영화 몇 개와 에르므농빌에서 찍은 가족 장면들, 그리고 젊은 시절의 나의 어머니를 볼 수 있는 유일한 영상들이 남아 있다. 할머니의 폭스테리어들이 서커스 개들처럼 제자리에서 뛰어오르고 춤을 추는 초보적인 개그 장면도 있다! 가비는 영화감독이 될 능력을 완벽하게 갖추고 있었다. 기술을 숙지하고 있었고, 촬영장에 드나든 경험이 있었으며, 특히 풍부한 상상력과 확실한 예술적 감각을 지니고 있었다. 그러나 시대가 허락하지 않았다. 초기 영화사에서 여성의 부재는 두드러진다. 가비에게 있어서 과감함이란 자신의 독립된 삶, 남자에게 끝까지 의존하지 않는 그런 삶을 영위하는 데 있었을 것이다. 그녀는 1980년대에 바닷가의 또 다른 작은 집의 꼭대기층 고미다락방에서 죽었다. 갑자기 쓰러져 죽기 며칠 전, 그녀는 투표하러 가지 못할까봐 걱정했다. "미래를 생각해야 한다"라고 그녀는 말했었다.

신들,

영화의 탄생을 주재한 것은 그들이었고, 그들의 신화는 아직도 예술의 만신전에서 울려 퍼지고 있다. 그들은 모든 것을 발명했고, 그들의 사상과 기술은 너무도 과감했기에 오늘날에도 여전히 통하고 있다. 2007년에도 칼 드레이어의 〈잔 다르크의 열정〉, 찰리 채플린의 〈황금광 시대〉, 로버트 플래허티의 〈북극의 나누크〉, 또는 조르주 멜리에스의 〈달나라 여행〉을 낡고 흔들리고 '비가 오는' 필름으로 보면서, 웃음 혹은 감동으로 눈물이 나도록 감격하고 매혹되고 동요될 수 있는 것이다. 교양이 있고 없고의 문제가 아니다. '시네필' (그 이상한 무리)이냐 아니냐와도 상관이 없다. 영화관에 한 번도 가본 적 없는 어린아이나 청소년(아마 이런 경우는 아마존이나 보르네오 섬 한복판이 아니라 오히려 멕시코 누에바 알자시아 지역의 메노파 공동체에서나 찾아볼 수 있을 것이다)이라도 분명히 최초의 영화 관객들이 살아 움직이는 이미지의 기적 앞에서 느꼈을 감동을 똑같이 느낄 것이다.

영화는 전기電氣에 전적으로 의존하는 유일한 예술이다. 백년도 채 안 돼서 영화가 발명해내고 정교화하고 실험함으로써 축적한 자본은 놀랄 만하다. 그것은 과도한 짐이 될 수도 있을 것이다. 사실주의, 상징주의, 표현주의, 판타지, 에로티즘, 정키, 누디, 호러, 시네마 베리테와 다큐픽션, 스케치영화, 개그영화, 테제영화, 주제영화, TV 시리즈, 연속극, 광고영화, 선전영화, 비디오 클립, 뮤지컬, 로드무비, 심리드라마, 공동영화, 무명영화, 포르노 등 모든 것이 만들어졌고, 모든 것이 말해졌다. 최고의 것과 최악의 것, 예술과 잡동사니 모두.

질 자콥이 칸 영화제 50주년 기념 인터뷰에서 말한 것처럼, 우리가 영화에 대해 다 안다고 믿었던 시대는 지난 것이다. 20세기 초에는 영화에 관심이 있고 그 계통에서 일하는 사람이라면—앞에서 언급한 파테사의 편집기사였던 내 오랜 친구 가비 같이—영화의 핵심을 알 수 있었다. 막스 린더, 보시트롱, 리가댕의 몇십 개 단편 코미디와 그보다 조금 더 많은 '시사' 혹은 여행 다큐멘터리, 그리고 한 움큼의 예술영화가 다였다. 배우들과 감독들(종종 동일인이었다)은 계약 때문에 한 스튜디오에서 다른 스튜디오로, 한 나라에서 다른 나라로 옮겨 다녔다. 막스 린더는 미국에서, 모주킨은 프랑스에서, 루비치는 독일에서, 브뉴엘은 멕시코에서 영화를 찍었다. 그 결과 영화는 우리에게 막대한 자유와 극도의 창조성의 작업으로 비춰졌다.

오늘날 영화는, 앙드레 말로의 정의에 따르자면 우선적으로 산업이며, 일리아 에렌부르크가 보다 고상하게 표현한 바로는 '꿈의 공장'이다. 현재 전 세계적으로 연간 제작되는 영화의 수는 수천에 달한다. 인도는 하루에 한 편꼴로 영화를 찍고, 이집트와 중국도 거의 그 정도일 것이다. 제작사들은 세계를 무대로 수십 억 달러를 거래하고 있다. 산 페드로의 석유항에 이어 이제 캘리포니아 주를 먹여 살리고 있는 것은 할리우드이다. 오늘날 출간되는 책들 전부를 읽지는 못해도 세계적으로 어떤 책들이 출간되는지를 아는 것은 가능할 것이다. 영화 제작의 경우에는 전혀 불가능하다. 마침내 영상문화가 문화의 모든 다른 형태들을 대체하고 있다. 그에 대해

한탄할 수도 기뻐할 수도 있다. 그러나 부인할 수는 없다. 샤를 파테가 1901년 프랑수아 뒤소와 공동으로 자신의 유명한 제작사를 차렸을 때 제시했던 "영화는 미래의 극장, 신문, 그리고 학교가 될 것이다"라는 충격적인 비전은 이미 현실이 되었다.

사실, (감독들에게, 또한 관객들에게) 내가 던지고 싶은 질문은 이것이다. 왜 책이 아니라 영화인가? 둘 중 하나를 분명하게 선택하는 것이 힘들 수 있고, 서로 대립된다고까지는 말할 수 없어도 완전히 상이한 두 개의 표현방식이라는 반론을 제기할 수 있을 것이다. 그러나 꿈 혹은 욕망에서 그것의 완성으로 넘어가는 순간, 결정을 내려야 했음에는 틀림이 없다. 영화는 소설이나 시에서 영감을 얻는다(고다르는 폴 엘뤼아르의 『고통의 수도』에서, 파솔리니나 베리만은 사드 후작의 글에서, 펠리니는 보카치오로부터 출발했다). 영화들은 종종 소설가나 시인들에게 직·간접적으로 영감의 원천이 되었다. 앙리 미쇼의 『붓』에는 채플린이, 올더스 헉슬리 속에는 프리츠 랑이, 버논 설리반 속에는 휴스턴이 있다. 그리고 오슨 웰스의 〈시민 케인〉 속을 끈질기게 떠도는 '로즈버드Rosebud'라는 단어는 스티븐 킹의 고딕소설 『샤이닝』에서 그 유명한 속담 '놀지 않고 일만 하면 바보가 된다All works and no play makes Jack a dull boy' (프랑스에서는 '지금 소유하고 있는 한 개가 앞으로 갖게 될 두 개보다 낫다'라는 속담이 여기 대응된다)로 메아리친다. 베리만의 〈산딸기〉에 나오는 심판의 꿈속에서 노인에게 주어지는 수수께끼를 통한 울림도 마찬가지이다.

이것은 모두의 마음에 들진 않더라도 인정해야만 하는 관계이다. 우리가 보고, 또 우리가 늘 접하는 현실은 매 순간 스크린을 통과하는 영상들로 인해 변형되는 것이다. 뉴욕 문화를 보여주는 J. D. 샐린저의 기념비적 소설 『호밀밭의 파수꾼』에서 어린 홀든 콜필드는 그와 같은 영상의 흐름, 그가 사는 도시와 그의 뇌에 침입하여 그로 하여금 완전히 '엉터리phoney'인 골 빠진 영화 속 인물이 되어 사는 것 같이 느끼게 하는 가상의 물결을 취하는 동시에 거부한다.

그러니까, 선택해야 한다. 글을 쓸 것인가 아니면 영화를 찍을 것인가.

어떤 이들은 두 가지를 모두 섭렵했다. 앙드레 말로는 시네아스트이자 소설가였고, 콜레트는 영화를 시도한 적이 있으며, 베리만은 연극과 영화 사이를 왔다갔다했다. 최근의 예로는 한국의 시네아스트 이창동의 경우를 들 수 있다. 직접적으로 질문을 던지자 이창동은 자신의 경우 무엇보다도 효율성의 문제였다고 고백한다. 소설이나 연극의 대중은 제한되어 있다. 영화를 통하면 더 많은 관객들과 만날 수 있고 직접 연결된다는 느낌이 든다. 이는 창작을 (제도와 관습의 개혁이나 정의를 위한) 투쟁과 동일시할 때 의미를 갖는다. 그러나 그것이 진정으로 예술의 존재 이유일까?

영화의 효율성은 직접성에서 비롯된다. 그 움직이는 이미지와, 감독의 생각과 강박들을 구현하고 시와 인간 드라마, 욕망, 순수를 표현하는 영화 속 인물들은 내가 그들을 보는 순간 현재이다. 나는 그들과의 거리감을 절감하지 못한다. 그들이 멀리 떨어져 있음을 눈치 채지 못한다. 기껏해야 세트의 몇 가지 요소들, 자동차 브랜드, 옷 입는 방식이나 특정한 말투가 그들을 다른 시간 속에 위치시키지만, 감독의 기술이란 바로 이와 같은 거리를 잊도록 하는 데 있다. 미조구치나 셈벤Sembene, 알모도바르의 영화를 볼 때, 나는 (최소한 입양이라도 된) 일본인, 세네갈인, 스페인인이 되어 있지 않던가? 내가 〈베를린 천사의 시〉에 나오는 페터 한트케의 텍스트의 음악에 매료되거나 술레이만 시세의 〈밝음Yeelen〉에 나오는 밤바라어를 들을 때, 나는 여전히 외국인인 것일까?

내게는 영화를 옹호하는 주장들이 역으로 문학에 대한 찬사, 그것이 지니는 절제, 섬세함, 위임성에 대한 찬사로 들린다. 내가 책을 좋아하는 것은 책이 나에게 영화에서와 같은 노력을 요구하지 않기 때문이다. 글을 쓰는 데는 우선 제작자나 제작부장régisseur, 배우, 기술 스태프, 회계사 혹은 투자자가 전혀 필요 없다. 책상 한 귀퉁이와 공책, 펜 혹은 경우에 따라 워드프로그램만 있으면 된다. 나는 이와 같은 글쓰기의 자유, 내 자신에게만 의존한다는 것이 좋다. 책을 읽는 경우에도 그 자유가 좋은 것은 마찬가지이다. 나는 문학에서 가장 빛나고 가장 명백한 것이 바로 그 자유인 것 같다. 만약 내가 시를 한 편 원하면 당장 거기에 있다. 드라마나 대사, 묘사, 사랑을 원하면 그것들은 즉시 내가 집을 수 있도록 대기하고 있다. 페이지를 넘기고 읽기만 하면 된다. 다른 종이를 한 장 가져다 쓰기만 하면 되는 것이다.

이와 같은 자유는 단지 경제적 자유만은 아니다. 영화란 산업이며, 따라서 돈이 필요하다고 말하는 것은 다소 안일한 발언일 것이다. 최근의 영화는 그러한 주장이 최종적인 것이 아님을 보여주었다. 오늘날에는 비디오, 카메라-만년필, 심지어 감시카메라를 가지고도 영화를 찍을 수 있게 되었다. 거리에서 해뜨기 전에 찍고, 촬영을 위한 통제를 전혀 필요로 하지 않을 수 있다. 스튜디오, 시나리오, 음악, 배우 없이도 영화를 찍을 수 있다.

자유는 다른 데 있다. 문학에서 자유란 감정들과 기억과 상상의 원천, 다시 말하면, 언어에 직접 호소하는 데 있다. 아마 여기에 내가 위에서 이야기한 선택의 이유가 존재하는 것 같다. 영화는 다른 종류의 말하기 방식이다. 영화의 언어는 영상으로 이루어져 있고, 그것은 뇌의 동일한 부분에 호소하지 않고, 동일한 기억을 건드리지 않고, 동일한 메커니즘을 흔들지 않는다. 책 속에서 나는 일종의 주술을 발견한다. 그것은 노래 혹은 음악의 주술에 비견할 만한 것이다. 내게 건네지는 이야기 혹은 이야기들, 또는 이야기의 토막들에 홀리는 순간, 말들은 내 속에 언어에 대한 몽상을 불러일으킨다. 이러한 말하기의 방식과 나를 읽기로 초대하는 사람의 억양, 질감, 은밀함은 나의 내면 가장 깊은 곳을 건드린다. 나는 그 말들 속에 들어 있는 냉소, 오만, 향기, 부드러움, 열기를 느끼면서, 동시에 다른 말들, 다른 노래들을 머릿속에 떠올린다. 그것은 빛나는 생명, 고갈되지 않는 생명으로부터 솟아난다. 아즈테크의 왕 네자후알코요틀Netzahualcoyotl의 시에는 이런 구절이 있다. "나는 노래를 듣는다, 나는 꽃을 본다, 그것들이 영원히 시들지 않기를!"

책은 오늘날에는 그것들을 짊어졌던 민족과 더불어 완전히 사라져버린 다른 시대, 다른 세계를 위해 쓰여졌다. 그럼에도 불구하고 책 한 권만 열면, 그것은 나의 삶, 나의 재산, 나의 현재가 된다. 지루한 책으로부터는 쉽게 벗어날 수 있다. 난해한 책으로부터는 무엇인가를, 기적, 섬광, 영감을 기다린다. 나는 『잃어버린 시간을 찾아서』로 들어가기 위해 오랜 시간을 필요로 했다. 다시 읽고, 몰두하고, 열쇠를 찾아야 했다. 어느 날 그 열쇠를 찾았다. 마들렌이 아니라 『스완의 사랑』 도입부에 나오는 베르뒤랭의 집 현관문 초인종이었고, 그 초인종은 화자의 기억을 진행시킬 인물이 도착하자 울린다. 이는 급류 소리에 대한 하이쿠를 생각나게 한다. "그곳이 입구다."

영화가 내게 주는 것은 덜 개인적이지도 덜 심오하지도 않다. 다를 뿐이다. 그것은 주문呪文이다. 매혹이다. 영화는 실재에 대한 감각들, 다시 말해 우리가 갖고 있는 고정관념들이나 세상에 대한 인간적 잣대(이것은 모자, 저것은 여자, 어린이, 이것은 노인, 저것은 정사 장면, 추적 장면 또는 고통의 장면)뿐 아니라, 우리의 전신감각, 우리의 공감각에 관계된다. 위, 아래, 깊이, 과거, 미래, 진실, 위험, 혐오, 의혹…… 따라서 우리는 옮겨져서, 옷이 벗겨지고, 납치되고, 묶이지만, 동시에 자유롭고, 의식이 있고, 동조하는 것이다. 우리는 일어나서 의자를 접고, 문을 열고 나갈 수 있는 것이다. 아주 독특한 상황이다.

영화는 웃음과 눈물(이 둘은 그리스 고전극의 두 가면이었다)을 번갈아, 또 때로는 동시에 제공한다고들 말한다. 아마도 서로 대립되는 감정을 유발할 수 있는 이와 같은 능력이 이 예술을 가장 잘 정의해줄 것이다. 영화에서 웃음은 전혀 복잡하지 않은 아주 단순한 효과다. 영화가 자신의 이력을 시작한 것은 웃음을 통해서이다. 주커나 파테가 뉴욕의 '파사주passages'와 파리의 그랑 불르바르 구역에 그들의 생소한 기계를 설치했을 때, 손님의 주목을 끌고 그로 하여금 눈요기의 대가를 지불하도록 이끈 것은 바로 아이들의 폭소였다.

심적 동요, 연민, 호감, 요컨대 당신을 감동시켜 눈물을 뽑아내는 것, 당신의 가슴이 뛰도록 하는 것, 영화에 진정한 깊이를 부여하는 것은 바로 이런 것이다. 그것은 비극의 전문만은 아니다. 우리는 채플린과 타티의 영화들, 카르네나 베리만의 달콤쌉싸름한 코미디들에서도 우리의 가장 연약한 부위에 와 닿는 불안, 은밀한 고통을 감지한다. 이것은 영화가 부리는 능숙한 기교이다. 사실 그 모든 게 하얀 천 위를 스쳐가는 그림자들에 불과한 것이다. 이 그림자들에 색깔이 있고, 그들을 동반하는 음악이나 사운드가 HD 음질의 마이크에 의해 울려 퍼진다고 해도, 그것은 속임수에 불과하다. 그러나 하나 혹은 일련의 이미지들이 당신의 기억, 당신의 상상에 호소한다. 〈키드〉(1920)에서 채플린과 재키 쿠건, 부랑자와 거리의 소년은 오래된 불안을 일깨운다. 당신이 흘긋 본 길가 장면과 관련된 것이거나 혹은 좀더 혼란스럽고 좀더 멀리 떨어진 이미지, 모든 어린아이들이 느끼는 언젠가 버려질지도 모른다는 두려움에 관련된 추억일지도 모른다. 미조구치의 〈오하루의 일생〉에서는 한 여자가 밤중에 손님을 찾아 배회하는데, 얼굴이 베일에 가려져 있다. 누가 알아볼까봐서가 아니라 자기가 접근하는 남자들이 자신의 나이 든 얼굴을 마음에 들어하지 않을 수 있기 때문이다. 이마무라의 〈나라야마 부시코〉에서는 늙은 농부 여인이 더 이상 죽을 권리를 거절당하지 않기 위해 돌로 이를 부러뜨린다. 이런 것들은 단지 이미지에 불과하거나 연극 효과에 그치는 것이 아니다. 그것은 여자들이 처한 일반적인 잔인한 조건, 악습, 숙명에 대해 이야기하고, 마치 우리가 그것을 겪은 것처럼 마음에 와 닿는다. 때맞추어 그 이미지들이 언어가 비어 있는 부분에서 당신을 강타하기 때문이다. 그것은 바위의 일격이자 주사침이고, 사진가나 감독의 식견은 우리가 경각심을 갖기도 전에 이미 민감한 지점을 겨냥하는 것이다. 게다가 누가 영화관에 방비防備의 목표를 갖고 가겠는가?

영화란 무엇보다 얼굴의 예술인 것 같다. 우리는 모주킨의 얼굴에 대한 쿨레쇼프의 실험이나 에이젠슈테인 영화들에 나오는 동물가면들의 이중첩화, 혹은 미조구치의 〈우게츠 이야기〉에서 와카사가 밤의 악마로 변신하는 것을 기억한다. 그러나 얼굴이 흥미를 끄는 것은 특히 그 범상함, 일상성 때문이다. 나는 고다르가 한 말을 기억한다. 그는 최후까지 유일하게 남아 있게 될 영화는 한 인간을 그의 탄생에서부터 죽음에 이르기까지 하루에 이미지 하나꼴로 보여주고, 20분 만에 한 얼굴이 꽃처럼 차차 피었다가 시드는 것을 보여주는 그런 영화일 것이라고 했다.

사실, 우리 앞에 제시되는 이야기들의 복잡성과 서스펜스에도 불구하고 영화의 주된 존재 이유는 단지 하나의 얼굴에 있는지도 모른다. 그 기원, 성질, 아름다움 혹은 추함—〈당나귀 발타자르〉의 안 위아젬스키의 특별한 순수성에서부터 제임스 웨일 영화의 보리스 카를로프가 쓴 고통과 증오어린 가면에 이르기까지, 혹은 〈정사〉의 모니카 비티의 관능적인 빛에서부터 구로자와의 〈데르수 우잘라〉에 나오는 화상의 흔적을 지닌 가죽가면에 이르기까지—과는 무관하게, 뭔가 불온한 친밀감을 지닌 인간의 얼굴 때문에 영화가 존재하는지도 모른다.

하나의 얼굴, 모든 얼굴들. 우리는 얼굴 표면에서 우리가 느끼는 감정들을 동시에 읽기도 한다. 그 거울 속에서 자신을 보기 때문이다. 영화란 살아 있고자 하는 우리의 욕망, 알고자 하는 우리의 욕구에 대한 증거일 것이다. 영화는 인식의 놀이에 의해, 예의 그 달빛으로 납작하고 입자가 진 스크린의 저편에 우리의 낯을, 즉 우리가 누구인지, 우리가 누구였는지를 보여줌으로써, 이러한 욕구를 우리 속에 발생시킨다. 얼굴에서 얼굴로, 영화에서 영화로, 그 꿈 산책을 시작하는 때 내가 다시 생각하게 되는 것은 눈물이다. 영화와 음악의 공통점은 그 소중한 물방울들, 지구상에 살고 있는 모든 창조물이 가진 것 중에서 유일하게 참된 짠맛이 나는 물방울들을 몰래, 예고 없이, 우리가 저항할 새도 없이, 우리로부터 빼앗아간다는 데 있다. 살리 프랑크족과 색슨족으로부터 계승된 서유럽의 지배 문화는 우리의 정신 속에 감정을 억압하는 일종의 법규를 집어넣었다. 인도인, 라틴족, 한국인, 아프리카인과는 반대로 그곳에서 눈물은 환영받지 못한다. 어두운 극장에서 영화는 갑자기 그것을 환영하고, 흐르게 하고, 촉발시킨다. 아마도 혁명이 시작된 것일까?

웃음에서 눈물로

친구와 함께 웃는 것이 원수와 함께 우는 것보다 어렵다고들 한다. 그것이 사실이라면 영화는 그 어려움의 실례를 보여주었던 것 같다. 초기 몇 년 동안 영화는 웃음으로 시작했기 때문이다. 이 낯선 기계는 우스꽝스러운 것, 예상치 못한 것을 위해 만들어진 것 같았다. 멜로드라마나 서스펜스를 발명하기 이전에, 영화는 개그를 먼저 발명했다. 백색 스크린 위에 흑판지에서 오려낸 실루엣들이 걸어가고, 비틀거리고, 넘어지고, 다시 일어나고, 망가지고, 체면을 구기고, 혹은 지팡이로 모자를 받아냄으로써 체면을 되찾아보려 한다. 개그는 무언無言과 잘 맞았다. 이해를 위해 말이 필요 없었다. 함정, 덫, 서투름은 즉시 눈에 보인다. 기뇰(줄인형극 - 옮긴이)에서처럼 관객은 한발 물러서서 어떤 상황이 벌어질지 예측해보는 즐거움을 맛본다.

나는 어린 시절에 바로 그와 같은 가장 단순하고 가장 효과적인 영화의 매력에 사로잡혔었다. 그리고 당시 (공연 세계의 전부였던 할머니의 회랑에서) 나의 영웅은 해롤드 로이드였다. 후에 위대한 고전에 속하는 막스 린더, 버스터 키튼, 채플린, W. C. 필드, 로렐과 하디, 칸틴플라스의 영화를 접하게 되었지만, 그 누구도 해롤드 로이드에 견줄 수 없었다. 유식한 체하거나 우상화하는 것은 아니다. 1920년대와 1930년대 사이에 해롤드 로이드는 영화사상 최고의 코미디 몇 편에 출연했다. 나는 '외로운 루크' 에피소드들은 보지 못했다. 그 시절은 로이드가 아직 해롤드이기 전, 즉 자신의 인물을 탐색하고 있던 시기로, 채플린, 린더 같은 무성시대의 위대한 배우들 대부분의 경우가 그러한 상황이었다. 내게 있어서 그의 작품세계는 할머니 댁에서 파테 베이비의 핸들을 돌려가면서 백 번은 족히 봤을 〈도깨비 유령〉에서 시작된다. 그 후로 영화를 다시 본 적은 없다. 나는 그 영화에 대해 아주 길고 복잡하며 코미디와 공포가 뒤섞여 있다는 인상을 간직하고 있고, 심지어는 여러 가지 소음, 문 닫히는 소리, 하얀 시트를 뒤집어쓴 유령들의 신음소리, 땅딸막한 선샤인 새미 모리슨의 얼빠진, 기가 막히는 얼굴 앞에서 터져 나오는 웃음소리 또한 들리는 듯하다. 그 후 나는 새미가 거의 나의 아버지 연배이고, 1970년대에 사망할 때까지 영화 일을 계속했다는 사실을 알게 되었다. 그러나 〈도깨비 유령〉에서 보았을 때 그는 내 나이 또래의 아이였고, 그래서인지 지금까지도 내게는 그가 아직 다 자라지 않은 어린 남동생처럼 느껴지고, 오고자Ogoja에 있던 아버지 집 근처에서 같이 놀았던 아프리카 아이들과 함께 추억 속에 떠오르곤 한다. 그 영화는 1920년에 만들어졌는데, 그즈음은 〈겟 아웃 앤 겟 언더〉, 〈뜨거운 물〉(이 영화에서 처음으로 해롤드는 품에 칠면조 한 마리를 안고서 샌프란시스코의 전차 지붕에 서 있다), 그리고 특히 그가 인걸프 앤 디보어Engulf & Devore 백화점 벽면을 기어 올라가 괘종시계 바늘에 매달려 있는 불멸의 장면을 담고 있는 〈마침내 안전!〉 등의 영화로 해롤드 로이드의 전성기가 시작되던 때이다. 그런데 내가 개인적으로 손꼽는 해롤드 로이드의 걸작은 1924년에 만들어진 〈수줍음 타는 소녀〉이다. 상상을 초월한 리듬의 이 영화에서 해롤드는 서투르고 소심한 견습재단사로서 아름다운 소녀를 보고 말더듬이가 된다. 오직 그의 삼촌이 부는 호루라기 소리만이 그를 장애로부터 벗어날 수 있게 해준다. 동시에 그는 작가가 되기를 꿈꾸면서 쾌활한 출판사 사장에게 '어느 전문가'라는 가명으로 서명한 자신의 원고 「잠자리의 기술」을 보여준다. 그러던 차에 그는 우연히 부유한 사업가의 딸을 만나게 되는데, 그녀의 돈에 눈독을 들인 한 남자가 뒤를 쫓아다니는 상황이다. 처음에는 다소 미적지근한 이 영화(그러나 해롤드 로이드는 무성임에도 불구하고 말 더듬는 소리가 들리도록 하는 데 성공한다)는 영화사상 가장 훌륭한 추격 장면(트릭이나 스턴트를 사용하지 않은 이 추격전은 요즘의 추격 장면들과 비교해도 손색이 없다)으로 종결된다. 해롤드는 샌프란시스코를 전속력으로 통과한다. 바퀴가 흔들거리는 차와 경찰관의 오토바이, 달음박질치는 말 등을 이어 타고, 마침내 기사 없는 전차 지붕 위에서 전차선에 매달린 채 그는 달아난다. 가히 천재적이다!

〈오데트〉는

칼 드레이어의 1955년 작품으로, 영화사에 길이 남을 진정한 걸작 중 하나이다. 그 이미지들의 힘, 서서히 우리 속으로 들어와 끝내 우리로 하여금 실재감을 상실하도록 하는 그런 종류의 시각적 광채는 영화가 이미 초기부터 갖고 있던 능력이 무엇이었는지를 보여준다. 오직 움직이는 이미지와 시퀀스들의 리듬만이 그와 같은 힘을 지닐 수 있다. 〈오데트〉에는 과감한 영화적 시도들이 극히 적다. 드레이어의 스타일을 프리츠 랑이나 무르나우와 비교해보면, 효과나 카메라 움직임 또는 클로즈업이 거의 사용되지 않고 기술적 속임수도 전혀 없다. 리듬은 느리고 대부분의 숏은 미디엄으로 눈높이에서 중립적으로 찍었으며, 시퀀스는 사실상 거의 편집되지 않았다. 배우들의 연기는 과장된 표정이나 연극적 발성 없이 절제되어 있다.

그러나 연극과는 거리가 멀다. 느리고 무거운 리듬, 장면의 배경을 감싸는 묘한 느낌, 그 지속적인 억제, 침묵들의 밀도, 특히 그 놀라운 흑백의 구성, 어두운 부분의 중심부에서 또렷이 드러나는 얼굴들, 비좁은 창문의 흐릿한 빛이 비추는 심도 깊은 구성, 이 모든 것이 우리를 인물들과 아주 근접한 곳에 데려다 놓고, 마치 보르겐가家의 집 안에 들어가 있는 것처럼, 우리는 드라마의 한복판으로 빨려 들어가 거기에 동참하게 된다. 바로 여기에 영화예술과 무대예술의 커다란 차이가 있다. 드레이어는 예외적으로 움직임에 의지하는 대신에 사건의 배경이 되는 공간을 일종의 폐쇄지대에 한정시킴으로써 강렬한 인간 드라마를 표현했다. 보르겐가의 농장—낮은 천장, 블라인드가 내려진 창들, 기름등잔이 만드는 원이 전부인 조명—은 감정들이 일종의 냉정한 광기로까지 고양되는 닫힌 장소이다. 외부는 보르겐가의 원수인 페터 페터슨의 집인데, 자유로운 종교 사상을 가진 아버지가 부과하는 가족의 굴레에 비하면, 그들의 청교도적이고 바리새인적인 신앙은 자유와 기쁨의 세계로 느껴진다. 성곽처럼 굳건히 폐쇄된 그 집에서, 계시적인 신앙을 가진 요하네스 보르겐은 유일하게 제정신인 사람으로 보인다. 그의 부드러움, 어린아이 같은 신비주의는 흔들리는 불꽃, 고립된 농장의 모난 폭력 속에 스러져가는 순간적 불꽃이다. 유일한 자유의 순간은 아버지의 트랙터가 야생의 시골을 가로지르며 달릴 때이다. 들판에 웃자란 풀들과 갈대들이 바람에 굽어지고, 인간들 위로는 구름 낀 낮은 하늘, 공허와 추위, 무관심과 영원으로 눈부신 하늘이 펼쳐져 있다.

보르겐가의 방에서 벌어지는 며느리 잉거의 출산은 영화에서 가장 강렬한 장면 중 하나다. 모든 여자들이 겪는 실제 삶과 관련되기에 우리의 가슴을 뛰게 하고 우리를 아프게 하는 동물적인 강렬함이 있다. 이 장면은 벽 저편에서 벌어지고, 우리는 아무것도 볼 수 없다. 그러나 우리는 듣는다. 비명, 산모의 고통에 찬 신음(전해지는 얘기에 따르면, 여배우가 촬영 당시 임신했었고, 실제로 출산할 때 드레이어가 이 장면의 사운드를 위해 그녀의 비명과 고통에 찬 호소를 녹음했다고 한다)은 바깥세상의 소리, 외양간 소들의 무거운 울음과 뒤섞인다. 드레이어가 바라보는 현실 세계는 부드럽지 않고, 조화롭지 못하다. 그것은 거칠고 세속적이며, 죽음과 삶, 환영과 진실을 뒤섞는다.

교만과 종교와 이해관계와 원한이 뒤섞인 이 혼돈 속에서 구원받을 자격이 있는 두 존재가 있다. 사람들에 의해 부정되는 예수처럼 자신만의 광기에 갇힌 요하네스는 인간이라고 할 만한 유일한 존재이다. 그리고 출산 중에 죽는, 미켈 보르겐의 젊은 아내 잉거가 있다. 둘은 딱 한 번 마지막 장면에서 마주친다. 영화의 느리고 무거운 리듬, 땅으로 먹고 사는 현실을 보여주는 평범한 숏들, 두 가장을 대립시키는 증오, 진실되고 위험하며 위협적이고, 오직 요하네스의 광기만이 그에 저항할 수 있는, 마법에 가까운 미신 섞인 그런 종교, 리얼리즘에 다름 아닌 이 모든 것은 우리를 견딜 수 없고 받아들일 수 없게 만든다. 잉거의 몸 위로 관 뚜껑이 닫히려는 순간 요하네스는 그녀에게 말을 걸고, 죽음에서 끌어내어 다시 살게 한다. 요하네스는 마침내 입을 열어 잉거에게 말을 걸지만 우리가 부활의 기적을 목도하는 것은 잉거의 어린 딸의 얼굴에서이다. 이 장면은 당신을 숨죽이게 하고 눈물을 자아낸다. 아, 다시 한 번 영화에서의 눈물에 대해 이야기해야겠다! 흑백의 평면 스크린상에 흐르는 단순한 이미지들의 조직이 마치 당신이 그쪽 편에 있는 것처럼, 그 인간들과 사물들을 손가락으로 만지는 것처럼, 그 일부인 것처럼, 같은 가족의 일원인 것처럼 당신을 감동시킨다는 것은 진정 대단한 일이 아니겠는가. 〈오데트〉의 마지막 장면은 놀랄 만치 대담하면서도 동시에 거의 유치하다고 할 정도로 단순하다. 이 장면 하나만으로도 시작부터 이미 비길 데 없던 영화의 힘이 대변된다.

오즈 야스지로는

1903년 영화사 초기에 태어났고, 1934년에 무성영화사상 가장 창조적인 영화 중 하나인 〈부초 이야기〉를 감독했다. 1959년에는 제작자들의 압력으로 이 영화를 컬러 유성영화로 다시 만들었지만 원작의 탁월함에는 미치지 못했다. 미조구치의 몇몇 영화들(그리고 루비치의 〈사느냐 죽느냐〉 혹은 마르셀 카르네의 〈천국의 아이들〉)과 마찬가지로, 이 영화의 진정한 소재는 연극, 다시 말해 영화 그 자체이다. 쇠락해가는 배우 키하치(사카모토 타케시 분)는 잡다한 군상들이 모인 작은 극단을 이끌고 도시에서 도시로 가부키 공연을 하며 떠돈다. 그는 부정한 뜨내기 배우로서 모든 수단을 동원하여 생계를 꾸려가고 있다. 그는 예전에 한 여자를 만나 둘 사이에 아들을 두었던 적이 있는 도시로 돌아온다. 아직 대학생인 그 남자아이는 키하치 극단에 속한 오토키라는 젊은 여자를 사랑하게 된다. 시간이 지나면서 조금씩 우리는 늙은 배우, 그가 사랑했던 여자, 그의 아들, 그리고 특히 극단의 운명이 걸린 순간이 다가왔음을 알게 된다. 빚에 쪼들리고 끊임없는 방황에 지친 키하치는 모든 것을 포기하고 과거의 정부 집에 눌러앉아 아들을 돌볼까 망설인다. 그런데 아들은 정작 진실을 알게 되자 자신을 버린 아버지를 거부하고, 키하치는 떠돌이 배우 신세로 남게 된다. 극단이 역에 도착하는 것으로 시작했던 영화는 같은 장소에서 끝이 나고, 남아 있던 배우들은 실의에 빠지지만 결국엔 행복한 마음으로 다시 모험을 떠나게 된다.

오즈의 이 영화는 시나리오보다는 시네아스트가 가족 비극을 연출하는 방식으로 인해 가치를 지닌다. 고양된 감정도, 비극적 효과도 없다. 키하치의 상황, 20년 동안 보지 못한 여자와의 재회, 그의 아들과 오토키 간의 사랑, 자신이 찬미하는 나이 든 연극계 대가에 대한 젊은 여자의 애정, 술에 약간 취하고, 거짓말도 좀 하고, 늘 극히 우스꽝스러운 보헤미안들로 이루어진 극단의 삶 자체, 이 모든 것이 조심스럽고 겸손하게, 흔치 않은 사실적이고도 절제된 톤으로 다루어진다(이 영화는 표현주의와 판타지가 지니는 과장됨과 동시대의 것이다).

영화에서 숭고(이 단어의 사용을 겁내지 말자)와 맞닿는 장면이 하나 있다. 키하치의 아들인 신기치는 철로변에서 오토키와 다시 만난다. 그녀는 신기치를 사랑하지만 변화한다는 것, 자신의 유랑생활을 포기해야 한다는 것에 대해 주저한다. 어떤 것도 말해지지 않고, 그녀의 감정이나 두려움도 전혀 드러나지 않는다. 단지 그녀는 밤중에 한쪽 레일 위에서 균형을 잡으며 멀리 사라져갈 뿐이며, 이 이미지, 철로의 소실선을 배경으로 밤 속으로 녹아드는 그녀의 가볍고도 흔들리는 실루엣은 우리 속으로 들어와, 완전함이 주는 명확한 행복으로써 우리를 가득 채운다.

오즈의 예술은 모범적이다. 전혀 과장하지 않으면서 매우 뛰어난 기량을 보여주기 때문이다. 그는 향후 모던 시네마라고 불리게 될 모든 것, 리듬, 숏의 커팅, 시퀀스의 연결에 대한 일종의 직관을 지니고 있었다. 〈부초 이야기〉는 무성영화를 팬터마임으로부터 완전히 갈라놓는다. 이 영화는 또한 오즈의 마지막 무성영화로, 1936년에는 〈외아들〉로 유성영화에 진입한다. 상징도, 담화도, 찌푸림도, 쓸데없는 제스처도 없이 단지 현실의 이미지들만으로 우리는 오즈의 인물들이 느끼는 불안, 미래에 대한 두려움, 존재론적 타협의 어려움을 공감할 수 있다. 각 인물들은 자신의 단점, 허위, 그리고 진정성을 드러내며 아주 생생하게 살아 있다. 행복 추구에 있어서 여성들의 역할, 그들의 의지, 결단, 화해 감각 및 공감은 아마도 오즈 영화의 중심 테마일 것이다. 여성들은 집안의 안전은 물론 모험을 향한 욕구에 있어서도 주도적인 역할을 한다. 이렇게 오즈는 현실과 친밀감에 대한 감각을 자신의 예술 원칙으로 삼는다. 그는 인간들을 그들이 살아가는 대로, 혹은 개들이 바라보는 것처럼 찍는다. 카메라는 땅에서 약 1미터 높이, 사람이 앉았을 때의 높이에 있다. 그들의 목소리가 들리지 않을 때라도 숏들의 교체로 대화가 살아난다. 오즈는 생략을 구사하고, 쓸데없는 효과 없이 숏들을 빠르게 이어 붙인다. 환상이 얼마나 강한지 그 영화가 오래됐다는 것, 사운드

트랙이 부재하다는 것을 망각하게 된다. 우리는 배우들의 목소리, 그들의 노래, 웃음을 듣는다. 오즈는 경이로운 평범함 속에서 인간들을 보여준다. 극단의 중심 배우—동시에 키하치의 정부—인 오타카는 극히 사실적이고 극히 현대적인 여성상이다. 미조구치는 그로부터 영감을 얻어 〈오하루의 일생〉의 게이샤의 초상을 그려냈고, 카르네의 〈천국의 아이들〉의 가랑스 또한 그녀를 모델로 했다고 생각하지 못할 이유는 없다. 그녀가 느끼는 감정들은 일상적인데다 가끔은 우습기까지 하다. 스승이 그녀를 버리고 옛 정부와 아들 곁에서 가정을 꾸려나갈 것이라고 믿을 때 그녀가 느끼는 것은 절망이라기보다는 질투 혹은 분함이다. 마지막 시퀀스에서 오타카는 혼자 역에서 그녀를 멀리 데려갈 기차를 기다린다. 그녀는 더 이상 아무것도 가진 게 없고, 옷이고 보석이고 모두 팔아버린 상태이다. 담뱃갑박에 남은 게 없다. 그녀는 담배를 피워 물고 기차를 기다린다. 그녀의 얼굴이 표현하는 것은 기나긴 피로, 거대한 씁쓸함뿐이다. 키하치도 역시 역에 도착하고, 그녀는 그와 함께 사케 한 잔을 나눠 마시며 작별의 노래를 부른다. 그 단순하기 그지없는 순간에 어찌나 강렬하고 친근하게 부르는지, 우리는 분명 그 노래를 들었다고, 공연과 술과 담배로 닳아버린 그녀의 허스키한 목소리를 그 순간 들었다고 맹세할 수 있을 정도이다. 그것은 전부이다. 그것은 아무것도 아니다. 그것은 극히 정확하고, 극히 세밀하며, 극히 현실적인 위대한 예술이다. 너무 일찍 사라져간 오즈 야스지로는 미조구치와는 달리, 서양인들의 영화 기억에 미미한 흔적만을 남겼을 뿐이다(일본에서는 영화를 빛낸 거장 중 한 사람이지만). 그러나 그가 창조한 것은 여전히 살아 있다.

〈라탈랑트〉는

장 비고의 작품으로, 영화예술의 전당에서 독보적 광채를 발한다. 내가 이 영화를 본 것은 '장 비고'라는 영예로운 이름을 따왔음에도 불구하고 이 영화를 거의 프로그램에 넣지 않았던 니스의 '장 비고 시네클럽'에서가 아니었다. 나는 비고의 영화들 중에서 고등학교의 작은 교실에서 봤던 〈니스에 관하여〉와 〈품행 제로〉를 좋아했다. 우리에게 고전 영화들을 보여주려고 애쓰던 철학 선생 웰펠이 형언하기 어려운 야유 속에서 틀어줬던 영화들이었다. 〈라탈랑트〉는 한참 후에, 한 시네마테크의 예술실험영화 상영이라는 우연한 기회에 접하게 되었다. 나를 즉시 감동시킨 것은, 아직 젊은데다 (배우와 상업영화의 미장센에 대해) 미미한 경험밖에 없을 것 같은 비고가 지닌 과감성, 그의 차분한 불경스러움, 촬영에 대한 지식이었다. 평범한 로맨스(장은 줄리엣을 사랑한다. 그는 그녀와 결혼하고 자기 배에 태우고 떠난다. 그녀는 지겨워하고 그를 떠나고 싶어한다.)로부터 장 비고는 동떨어진 세계를 창조하고, 향후 도래하게 될 영화의 톤을 특징짓는 내레이션, 로맨티즘, 존재의 방식을 만들어낸다. 〈라탈랑트〉에는 베리만의 〈모니카의 여름〉의 관능과 멜랑콜리, 〈400번의 구타〉와 〈야생의 아이〉의 트뤼포가 보여주는 멋스러움, 〈네 멋대로 해라〉와 〈여자는 여자다〉에서 보이는 고다르의 유머와 거만함, 〈일식〉이나 〈밤〉의 안토니오니의 존재론적 불안, 그리고 심지어는 키아로스타미의 〈올리브나무 사이로〉나 팀 버튼의 몇몇 영화에서 보이는 오늘날 영화예술에 대한 문제제기까지도 드러나 있다.

모든 것은 이미지들 속에 있다. 이미지들은 당신 속으로 들어와 꿈의 조각들처럼 당신을 떠나지 않고, 현실의 진실을 확장시키며, 그 진실에 내면적 차원을 제공한다. 센 강의 둑 위를 지나가는 그로테스크하면서 동시에 엄숙한 결혼 행렬, 진흙투성이의 땅, 강물의 움직임, 수문, 학들의 실루엣과 정박 중인 배들. 그리고 추상적인 것이 아니라 이 세상 밖의 달빛

같은 검정과 회색과 하양의 혼합 속에서, 웨딩드레스를 입은 채 천천히 미끄러지는 배의 갑판 위에 서 있는 디타 파를로. 그 속에는 이미 미조구치의 〈우게츠 이야기〉에 나오는 오하마의 배에 상응하는 무엇인가가 있다. 사랑, 더 이상 세기 초에 그렇게 인기 있었던 사진들의 우아함 속에 박제된 것이 아니라, 관능적이고 물질적이며, 너무도 강렬하기에 불안과 고통이 뒤섞여 있고, 그들의 매 순간을 차지하면서, 그들을 보호하는 동시에 가두는 그 거룻배 속의 장과 줄리엣의 사랑. 그리고 쥘 아저씨의 농짓거리, 염려되는 그 우스꽝스러움, 고양이들과 식민 지배의 추억에 둘러싸인 일종의 디오게네스 같은 미셸 시몽, 고다르의 〈비브르 사 비〉에 나오는 철학자 브리스 파랭과 같지만, 단어들 대신 세이렌들과 물신들을 수집했을 것으로 보이고, 그가 끊임없이 부수고, 휘젓고, 혁신하는 잡동사니로 뒤죽박죽인 곳의 왕. 쥘 아저씨의 사랑, 장의 사랑, 줄리엣의 사랑이 되는 대로 흘러가는 그 배에 존재한다. 배는 무엇을 운반하는가? 우리의 운명? 우리의 환영들? 아니면 단지 비고 자신에게는 소용되지 못할 청춘의 무한한 힘?

비고가 마법과도 같이 거침없이 창조해내는 것은 영화의 언어이고, 그것은 결정적으로 그를 소설적인 글쓰기와 영화화된 연극으로부터 분리해낸다. 배우들의 자연스럽고 경쾌한 연기는 그들 자신의 심연으로부터 우러나오고 배경 전체가 그들과 더불어 움직인다. 더 이상 배경이 아니라 장과 줄리엣이 보는 것, 그들이 느끼는 것, 그들에게 작용하는 것이며, 더 이상 말이나 그들의 심리 표현에 의해서가 아니라, 본능, 영감, 삶에 의한 것이다. 그들은 세상 속에서 홀로, 시간 속에 멈춰진 채, 물의 흐름을 따라간다. 쥘 아저씨는 〈로미오와 줄리엣〉의 유모("유모, 사랑하는 유모, 말해줘요, 내 사랑은 어디에 있나요?")와 유사하게 현실에서 그가 살지 못했던 모든 것을 대리로 산다. 그는 또한 감독이 창조하고 있는 것에 대한 감독 자신의 시선을 대변한다. 그가 창조하는 이미지들과 흐릿한 기억들, 싸구려 추억들의 혼돈, 그 혼돈에서 감독은 완전한 사랑의 빛만을 간직하게 될 것이다. 그리고 줄리엣이 사라지자, 그녀가 장과 라탈랑트를 떠나버리자, 쥘 아저씨에게는 그녀를 다시 찾는 것이 시급해진다. 도시의 위험으로부터 그녀의 순수를 구원하기 위해서—아름다운 가게들의 진열장을 따라 방황하는 줄리엣, 공장 문 앞에 일자리를 찾아 줄을 선 노동자들의 절망을 스쳐가는 줄리엣—가 아니라 이제 하나의 원형이 되어버린 이미지가 그려내는 무한정 지속 가능한 그 사랑의 순간을 보존하기 위해서이다.

장 비고는 영화사에서 예외적인 존재, 일종의 덧없는 빛, 하나의 환영幻影이다. 그에게는 알랭 푸르니에, (랭보보다는) 라디게, 잔 에뷔테른의 연인이었던 모딜리아니가 들어 있다. 그가 나이 들 시간이 없었기 때문만이 아니다. 〈라탈랑트〉는 청춘의 열정과 고귀함을 보여주지만 젊은 영화는 아니다. 모든 걸작들과 마찬가지로 이 영화는 이미 그 속에 경험의 무게, 성숙, 수단 및 감정들에 대한 통제를 담고 있다. 강 위를 미끄러져가는 라탈랑트호의 이미지들, 대도시 주변의 혼돈과 허무의 양상, 대중성과 변두리와 야유가 만들어내는 시시껍절한 시詩, 디타 파를로의 얼굴, 그녀의 쾌활함, 환히 드러나는 그녀의 천진난만함, 그녀의 삶에 대한 욕구. 장 비고는 이런 것들을 자신의 언어를 구성하는 단어로 삼는다. 그것은 현실과는 전혀 관련이 없다. 그것은 죽음, 절망, 도처에 존재하는 불확실성에 대한 인식과 섞여 있다. 우리가 감동받고, 그와 함께 살고, 웃고, 두려워하는 것도 바로 그 때문이다. 왜냐하면 매 순간, 매 시퀀스, 매 이미지마다 유한한 시간 속의 미완, 덧없음 속의 무한을 보여주는 것이야말로 영화가 하는 일임을 이해하기 때문이다.

#2

오즈의 방

바로 여기서 그는 생애 말년의 몇 해를 살았다. 보통 나는 작가들이 묵었던 호텔이나 예술가들의 집에 특별히 흥미를 갖는 편은 아니다. 그들이 살았던 곳을 찾아보고 거기 가보는 것에 별 관심이 없다. 코요아칸에 있는 브뉴엘의 집, 벨리즈에 있는 프랜시스 포드 코폴라의 정글 캠프, 심지어 도쿄의 힐탑 호텔에 있는 미시마 유키오의 방에 대해서도 나는 무감하다. 스톡홀름에 있는 잉마르 베리만의 집과 파리 세르팡트 가에 있는 랭보의 고미다락방은 단지 수도首都의 가장 소란스러운 곳에 위치한다는 이유 하나 때문에, 혹시 예외가 될 수도 있겠다. 그러나 오즈 야스지로의 방은 경우가 다르다. 일본인 친구 한 명이 나를 치가사키에 있는 그 방으로 초대했다. 요코하마로 가는 길에 있는 화려한 해변 도시인 치가사키는 지구상에서 가장 유명한 화산을 마주하고 대양 앞에 멈춰 선 듯한, 마치 시간을 벗어난 듯한 곳이다. 마을의 집들은 작고, 그중 몇몇은 옛날 목조가옥이었으며, 꼬불꼬불하고 조용한 길에는 고양이들이 돌아다니고 있었다. 정원 안에 소철 종에 속하는 야자수들이 있는 것으로 보아 그곳의 기후는 대체로 온화할 것으로 생각되었지만, 내가 도착했을 때는 마을이 눈으로 덮여 있었다. 치가사키 칸 호텔은 약간 외진 비탈에 있었는데, 길이 너무 좁아서 차를 타고 그 앞까지 가는 것은 감히 상상도 할 수 없었다. 사실 그곳은 일본의 전통 여인숙인 료칸으로, 바닥에서 자고 공동실에서 식사를 한다. 추위 때문에 손님들의 발길이 끊긴 것 같았다. 내 방은 일본 기준으로 보면 꽤 컸다. 중앙 가옥에서부터 주인들이 사는 구역으로 이어지는 유리창 달린 긴 복도 끝에 있었다. 이곳에서 오즈는 글을 쓰고, 친구들을 맞이하고, 잠을 잤다. 가구는 꼭 필요한 것만 있었다. 면으로 된 요, 찻잔을 올려놓는 작은 상, 이불과 기모노를 정돈하는 장, 세면을 위한 대야. 방 바깥에는 일종의 여름용 방이 정원을 면하고 있는데, 작은 상 한 개와 낮은 의자 두 개로 꾸며져 있다. 한지를 바른 격자무늬 창문들은 모두 미닫이다. 벽에는 이 여름용 방에서 타자기 앞에 앉아 있는 방주인의 사진이 걸려 있었다.

나는 이 고적하고 얼음장 같은 집에서 내 평생 최악의 밤 중 하나를 보냈다. 그러나 가장 영감을 많이 불어넣어 준 밤의 하나이기도 했다. 해가 진 뒤, 내 방은 겨울의 얼어붙은 하늘 속에서 길을 잃은 지붕 달린 뗏목 같아졌다. 잠자리에 들기 전에 나는 아직 장밋빛이 가시지 않은 후지 산의 원뿔형 꼭대기가 도쿄의 안개 위로 보이는 제방까지 치가사키의 거리를 따라 걸었었다. 그리고 조금씩 모든 것이 추위 속에 굳어졌다. 요에 누워서 나는 정원의 사이프러스 나뭇가지 위로 부서져 내리는 눈에 귀 기울였다. 나는 오즈의 영화에 나오는 집들이 지닌 아주 온화한 열기, 그의 이미지들에 스며 있는 일종의 여성적인 마음에 대해 생각했다. 나는 모든 것이 아주 오래전의 부족 사회에서 땅을 스칠 듯한 높이에서 진행되는 그의 세계에 대해 생각했다. 나는 노래와 유랑극단의 시끌벅적한 공연과 해변에서 연을 날리는 아이들의 웃음으로 가득 찬 그의 빛나는 삶, 일본이 황금기의 순수성에 의해서가 아니라 반대로 조상에 대한 확실한 앎을 통해 장소와 관계를 유지하던 시대에 대해 말해주는 그 삶에 대해 생각했다. 나는 자다 깨다 했다. 한밤중에 복도에서 뭔가 가볍게 스치는 소리, 숨소리 비슷한 것을 들은 것 같았다. 무슨 흥미진진한 이야기라도 꺼내려는 것은 아니다. 내가 이해한 바로는, 오즈 야스지로가 존재했다는 데 대한 마지막 증인인 료칸의 늙은 관리인이 살랑살랑 소리가 나는 기모노를 입고 발가락 양말에 대나무 신발을 신은 가벼운 발걸음으로 여인숙과 여행객들을 도적들로부터 보호해야 했던 시대를 기리며, 주의 깊고 신중한 보초처럼 순찰하는 것이었다. 아침 일찍, 버려진 절간처럼 차갑고 위엄 넘치는 공동실에서 식사를 한 뒤, 예전에 배우 키하치의 뒤를 쫓아다니던 아이들이 내 뒤에 따라붙지 않는 것에 다소 놀라워하면서 마을을 향해 걸었고, 기차역에 도착했다.

전쟁

당시에 영화는 일본의 것이었다.

미조구치의 〈우게츠 이야기〉. 프랑스에서 다소 멋 부려 붙인 제목에 따르면 〈비 갠 후 흐릿한 달의 이야기〉이다(일본 제목은 단순히 '비 오는 달(밤의) 이야기'를 뜻한다).

처음으로 나는 영화가 예술이라는 것을 확인했다. 또한 많은 프랑스인들과 마찬가지로 나 역시 일본 문화 — 혹은 동양 문화 전반 — 에 대해 아는 바가 전무하다는 사실을 처음으로 발견했다. 내가 미조구치의 이 영화를 보던 당시에 유럽이 일본에 대해 갖고 있던 생각은 오늘날과 전혀 달랐다. 일본은 매우 먼 곳에 있고, 모호하며, 아르 누보의 클리셰들(할머니 댁의 그 병풍들, 전통 종이로 만든 상자들, 꽃다발, 대검, 피에르 로티의 소설들이 대표적이다. 반면 라프카디오 헌Lafcadio Hearn에 대해서는 알려진 바가 없다)로 가득했다.

제조업 분야와 같은 다른 측면에서의 일본의 기여는 유럽에 이제 막 알려지기 시작하던 때이다. 아프리카에서 의사로 일하는 아버지를 통해 나는 일본이 제3세계에 가장 많은 공산품을 제공하는 나라라는 것을 알고 있었다. 법랑 그릇, 알루미늄 반합, 수저, 살림 도구, 램프와 여타 버너들. 그러나 첨단 기술 제품은 없었다. 예를 들어 아버지의 카메라는 독일제였다.

일본의 문학과 철학은 대중에게 알려져 있지 않았다. 젊은 층은 '이야기와 신화'라는 제목 하에 신도神道의 발췌문들을 접했다. 고등학교에서는 일본 문학을 전혀 다루지 않았으며, 철학 수업은 일본 사상과, 더 나아가 동양 사상 전반을 경시했다. 내가 알기로 지금도 마찬가지이다. 도교, 신도, 불교는 교과서 속에서 '엄밀하게 말해서 철학이' 아니다. 일본 철학자 중 가장 '서구적인' 니시다 기타로조차 불어로 번역되어 있지 않다. 당연히 몇몇 전문가들을 제외한 일반 대중은 일본의 유구한 영화사(최초의 일본 영화는 가부키에 관한 다큐멘터리로서 1898

년에 만들어졌다!)를 알지 못한다. 미조구치와 그의 시네아스트로서의 이력(그는 1923년 이래 거의 90편에 달하는 영화를 연간 두 편꼴로, 단편, 작가영화, 고전소설 각색물을 번갈아가면서 찍었는데, 공백기도 없었고 작품의 수준도 떨어진 적이 없었다)에 대해서 아무것도 모른다. 내가 〈우게츠 이야기〉를 처음 본 시절, 영화 속 일본은 오직 저속한 채색화나 저 끔찍한 미국 전쟁영화 속에 등장하는 모습으로 그려졌고, 그 영화들에서 일본인들 — '잽스Japs' — 은 과거 인디언들의 경우처럼 세계를 침략하고 미국을 멸망시키기 위해 만반의 태세를 갖춘 광신적인 야만인들로 묘사되었다.

〈우게츠 이야기〉를 어디서 처음 봤던가? 열다섯 살인가 열여섯 살 때, 당시 '예술실험영화관'이라고 하던, 나라별 때로는 주제별로 일련의 영화들을 상영하던 극장 중 한 군데였을 것이다. 내 기억은 혼란스럽다. 흔들리는(낡은 프린트였을 것이다) 흑백의 이미지들, 너무 아래에 위치해서 읽을 수가 없는 자막들. 봤다기보다는 엿보았다고 해야 할 영화. 너무 낯설고 불편하여 내 영혼은 마치 꿈속에서처럼, 혹은 증인이면서도 그에 대해 증언할 수 없는 사건인 양, 그것에 넋이 나갔다.

그 후 나는 〈우게츠 이야기〉를 다시 봤다. 트로카데로에 있는 시네마테크 프랑세즈, 아니면 파리 시내 극장에서였다. 좋아서, 또 강박적으로, 비디오테크에서도 빌려봤는데, 영어 자막이 달려 있었고 하도 자주 틀어서인지 이미지들이 후광에 가려지거나 때로는 무슨 광택(나는 나중에 도공 겐주로의 자랑이었고 그로 하여금 와카사 공주의 끔찍한 사랑을 받게 한 그 옻칠에 대해 생각했다) 같은 것이 나서 거의 볼 수가 없을 지경이었다.

이 영화를 다시 볼 때마다 매번 처음에 나오는 이미지들, 타이틀 자막에서부터 매료된다. 우선 제목으로 쓰인 한자들,

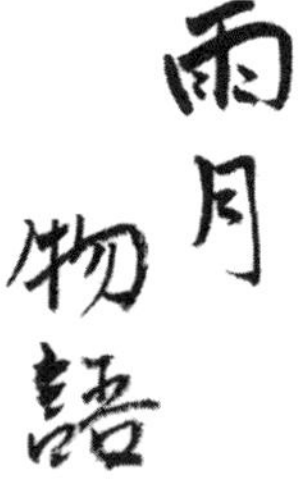

이어서 길게 늘어지는 피리 소리를 배경으로 반듯한 정사

각형 속에 새겨지는—부적에 써 있는 부호들처럼—배우들의 이름.

영화는 죽은 나무들이 빽빽하게 들어찬 숲 한가운데 있는 눈 덮인 공터를 훑는 느린 패닝으로 시작된다. 보슈의 그림 속 풍경과도 같은 마을이 등장하는데 그곳에는 남루한 차림의 농부들이 그들의 초가집 주변에서 부산스럽게 일하고 있다. 아주 오래되었으면서도 동시에 친근한 고장, 땅을 파먹고 사는 사람들의 보편적 가난이 존재하는 고장이다. 카메라는 다시 느리게 움직이며 부감으로 인물들, 겐주로와 그의 아내 미야기, 토베이, 오하마를 등장시킨다. 나는 벌써 그곳이 매우 친근하게 느껴진다.

나는 이해하려고 애써본다.

미조구치는 첫 이미지들에서부터 우리를 윤리적 차원으로 끌어들인다. 이 이야기의 배우들은 우리에게 낯설지 않다. 그들이 겪는 것은 전쟁의 비극이되, 피해자들의 눈을 통해 바라본 전쟁이다. 영화가 만들어진 연도를 고려해야 한다. 1953년. 도쿄 소이탄 폭격과 핵으로 인한 히로시마와 나가사키의 파괴가 있은 지 십 년이 채 안 된 시점이다. 역사상 가장 피비린내 나는 전쟁 중 하나이자 일본의 유일한 패배였던 사건이 있은 지 십 년이 채 안 된. 영화가 준비되고 구상되는 데 소요된 시간(미조구치가 시나리오 작가인 요다 요시카타와 나눈 서신에는 감독이 디테일 하나하나에 쏟는 극단적 관심이 드러난다)을 고려한다면 〈우게츠 이야기〉는 전쟁의 잿더미에서 탄생했다고 할 수 있다.

아마 그런 점이 가장 먼저 내 마음에 와 닿는 것 같다. 어떤 면에서 이 영화는 내 어릴 적 기억과 연관되어 있기 때문이다. 주로 여자와 아이들 같이 이데올로기와 상관없이 그것을 실제로 겪는 사람들이 바라본 전쟁이다. 영화의 이야기는 봉건 시대를 배경으로 하지만, 사실은 동시대를 문제 삼는다.

각종 위협에 시달리고 끼니가 떨어질까 봐 걱정하면서도 끈질기게 살아남으려는 농부들이 사는 그 버려진 계곡에서, 나는 전쟁 중에 내가 살았던 계곡의 모습을 볼 수 있다. 동일한 추위, 동일한 불편, 동일한 허기, 그리고 특히 눈에 보이지 않지만 가까이에 있는 전쟁, 우리로 하여금 꽉 걸어 잠근 덧문 뒤로 숨어서, 한밤중 적의 발걸음 또는 숲 어딘가에서 포탄 터지는 소리와 총성의 울림을 살피게 하던, 그 눈에 보이지 않으면서도 가까이에 있는 전쟁에 대한 풍문.

영화 초반에 울려 퍼지는 그 멀리서 들리는 총성은 우리에게 아직 전쟁이 거기에 존재한다는 것, 마을 주변을 맴돈다는 것을 알려준다. 미조구치의 군대는 기계적으로 일사불란하게 움직이고, 제국주의의 이미저리가 그려내는 민족주의에 열광하는 영광스러운 집단이 아니다. 그렇다고 해서 태평양에서의 가혹한 패주, 이오지마 군인들의 광신, 혹은 이치가와 곤의 〈들불〉에서 보듯이, 살아남기 위해 인육을 먹는 패자들의 잔혹성도 아니다. 미조구치가 보여주는 것은 부조리하고 전근대적인 폭력이다. 창과 흉갑을 훔친 농부들은 사무라이가 되어 약탈과 강간, 살인으로 자신들의 욕구를 채우려는 짐승으로 돌변한다. 그들의 포식 장소는 도시나 부유한 집들이 아니라 가난하고 굶주린 시골이다. 민간인들이 숲으로 도망쳐 숨는 동안 동물의 울음소리와 같은 포식자들의 승리의 함성이 메아리친다.

미조구치는 영화 전체를 하나의 푸가처럼 구성했고, 그 속에는 전쟁 테마의 변주가 잇따른다. 그는 장조와 단조, 부드러움과 격렬함을 몇 초간의 암전으로 시작되고 끝나는 그림들이 연속되는 가운데 교대로 구사하는데, 새로운 시퀀스가 시작될 때마다 변주된 음악을 타고 전쟁 테마가 일종의 떨림 속에서 재등장한다.

폭력적인 숏들은 여성적이고 부드러운 숏들과 짝을 이룬다. 미야기는 남편 겐주로가 도자기를 빚는 동안 바퀴를 돌린다. 아마 이 영화에서 가장 감동적인 장면 중 하나일 것이다. 매우 단순하면서도 극히 공들인 이 이미지가 모든 것을 말해준다. 겐주로의 강박, 도공 일에 대한 자부심, 그로 하여금 전쟁의 위험들을 무시하도록 만드는 그의 야망. 미야기의 사랑, 남편과 아들에 대한 염려, 그녀 내면의 도덕적 힘과 용기, 그녀의 현실 감각. 명예를 생각하는 남성의 이기주의—전쟁을 이용해 한 재산 모으려는 겐주로, 사무라이가 되기 위해 군대에 합류하는 데 앞장서는 토베이—와, 행복과 평화 외에는 아무것도 바라지 않는 여성들의 본능적인 지혜. 한쪽에는 불만, 허영, 탐욕이 있고, 다른 쪽에는 조화, 삶에 대한 감각이 있다. 도공의 바퀴는 돌아가고, 우리는 배면에 위치한 미야기의 불안스럽고 긴장한 얼굴을 보게 되는데, 그동안 리듬은 겐주로의 강박과 미야기의 커져가는 불안에 반주를 넣는 강박적인 피리의 날카로운 음, 그리고 차차 재즈의 템포를 띠는 무거운 북소리를 타고—돌아가는 바퀴는 내게 이집트 우드(루트의 기원이 된다는 이집트의 전통 현악기—옮긴이) 음악의 수차水車 테마를 상기시킨다—고조된다.

안개 낀 풍경 속에서 호수 면을 미끄러져 흐르는 배의 시퀀스는 영화사상 가장 유명한 시퀀스 중 하나일 것이다. 나와 내 세대의 많은 이들에게 있어서 그것은 영화예술의 힘을 상징하는 시퀀스로 기억되었다.

나는 그 시퀀스를 구석구석 다 이해하고 싶다. 그 시퀀스 하나가 영화라는 예술과 관계된 모든 이유들과 기대들을 요약하는 것으로 보이기 때문이다.

의심의 여지없이 그 시퀀스는 이국적이다. 살아 움직이는 한 폭의 그림이다. 일본 회화예술의 모든 클리셰들이 그 속에 들어 있다. 호쿠사이(일본 에도시대에 활약한 목판화가 – 옮긴이)와 내해內海의 풍경들, 이승에서의 삶이 덧없음을 상징하는, 승려들이 타고 다니는 유명한 배가 생각난다. 느림과 장엄함으로 인해 그 시퀀스는 불교를 상기시키고, 보다 구체적으로는 하이쿠의 예술, 그 미니멀리즘을 상기시킨다. 그것은 또한 일본의 전통 연극 노[能樂]의 극도로 절제된 노래의 연장선상에 있다.

게다가 그 시퀀스는 중심 장면이 아니다. 사실 그것은 영화 속으로 들어가기 위해 통과해야 하는 두 번째 관문이다(첫 번째 관문은 밤중의 노략질 장면이다). 이 관문 또한 전쟁, 폭력, 변심 및 인간의 허약함에 관계된다. 그 문을 통해 우리는 몽환의 세계로 들어간다. 오미조 시로 가기 위해 여행자들이 통과해야 하는 물의 광활함은 삶과 죽음을 가르는 그 빈 공간에 해당한다. 이 구역으로 들어서면서 겐주로, 토베이, 오하마는 그들의 운명을 향한다. 지상에서의 행복을 잃게 된다.

뱃머리는 안개 속에서부터 천천히 수증기로 둘러싸인 채, 하늘과 물 사이를 미끄러지면서 나타난다. 우리가 배에 탄 사람들을 알아보기도 전에, 매우 희미한 북소리의 리듬을 타고 단조로운 노래를 부르는 오하마의 목소리가 들려온다. 이 장면에는 현실적인 것이 아무것도 없다. 배는 스스로 미끄러지고, 선미에서 긴 노에 기대고 서 있는 오하마의 움직임은 그 동력일 리가 만무하다. 풍경 자체가 현실로 느껴지지 않는다. 안개와 물은 짙고 묘한 질감을 가지고 있어서 마치 배경을 그려 넣은 것 같이 보인다(그러나 미조구치는 주요 장면들을 야외에서 실제로 촬영했다). 이 장면에서는 모든 것이 상징에 가깝게 느껴진다. 아니, 모든 것이 어떤 영감과 활기로 인해 관념화되었다고 말해야 할 것이다. 뱃머리가 안개 속으로부터 나와 물을 가르면 반짝이는 불빛들이 부서지는데, 마치 더 이상 낮과 밤은 존재하지 않고 그 고장을 감싸는 솜털 같은 지속성만이 존재하는 것과 같다. 그리고 선체를 따라 찰랑거리는 물이나 오하마의 멜랑콜리한 목소리조차도 동요시키지 못하는 침묵이 지속된다. 물결은 뱃머리 앞에서 흐르면서 길게 남겨진 구름의 흔적들과 짝을 이루는 선들을 그려내고, 여행객들이 떠나온 장소로부터 멀어짐으로써 현실의 문을 닫아버린다. 승객들의 실루엣이 드러난다. 우선 선미에 서서, 긴 지느러미라면 꼭 그럴 법한 느린 몸짓으로 노를 젓는 오하마의 실루엣이 보인다. 다른 배 하나가 그들과 조우하는데, 표류하던 그 배에서는 한 남자가 죽어가고 있다. 마지막 숨을 거두기 전 그는 여행객들에게 경고한다. 훔치고 여자들을 납치하는 해적 같은 죽음이 그들 또한 노리고 있다는 것을.

이 긴 시퀀스에서 예술은 우아함과 비극과 장엄미와 감동의 절정에 이른다. '고전주의'라는 단어로 설명하기에는 턱없이 부족하다. '셰익스피어적'이라고 해야 맞을 것이다. 연극에서 그랬던 것처럼 영화감독으로서도 미조구치에게 환상fantastique이란 하나의 수단이 아니라 목표, 현실과 상상의 완전한 대등함에 대한 표현이다. 〈우게츠 이야기〉는 이중의 길,

하나는 역사적, 비판적이고, 다른 하나는 철학적이며 나아가 신비적인, 그런 길을 따른다. 물론 미조구치는 전혀 종교적인 시네아스트가 아니며, 의도적으로 우에다 아키나리의 원작 이야기가 제공하는 불교 윤리로부터 벗어나, 전쟁이 야기한 인간 드라마 속 인물들의 심리적 현실에 밀착한다. 그에게 초월이란 오직 그의 예술 속에만 존재하는 것이다.

하얀 옷을 입고 얼굴을 가리는 큰 모자를 쓴 와카사 공주의 등장, 유혹의 장면, 겐주로의 몸 위에 그려지는 마귀를 쫓는 주문, 이 이미지들은 계속 머릿속에 남아, 시간의 후퇴와 함께 신화의 가치를 획득한다. 그것들은 꿈의 이미지들에 가깝다.

밤에 자신의 집에서 식사를 대접한 후, 와카사는 도공 겐주로 앞에서 춤을 추며 그를 유혹한다. 와카사 역을 맡은 배우는 마치코 쿄로, 미조구치의 다른 영화들, 특히 〈요히키〉(황후 얀 퀘이 페이 역)에 출연했다. 노에서 영감을 받은 그녀의 춤은 미조구치가 전통 연극과 맺고 있는 관계를 증명한다. 와카사는 느릿느릿 엄숙하게 기생들이 쓰는 부채를 움직이며 춤을 추고, 높이 올라갔다가 낮게 내려가는 노래는 연가라기보다는 장례곡이다. 그것은 흐르는 시간, 사랑의 부질없음, 죽음의 유혹에 대해 이야기한다. 와카사의 몸은 관능으로 물결치고, 보일락 말락 하는 그녀의 발은 바닥에 뜬 채 미끄러지는 것 같아서, 그것은 춤이지만 경련, 고통의 찡그림이자, 열정이 자존심과 싸우고 욕망과 복수가 서로 맞닿아 뒤섞이는 억제된 비명이기도 하다.

〈우게츠 이야기〉에서, 또 미조구치의 대부분의 영화에서, 사랑은 남자들의 운명이 아니라 여자들의 발명품이자 강박이다. 겐주로는 욕망의 대상이지 욕망의 이유가 아니다. 처녀로 죽은 와카사는 남자와의 사랑을 맛보기 위해 지상으로 돌아오지만, 그 목적은 남자를 자신의 노예로 삼는 데 있다. 그녀는 소유 말고는 다른 형태의 행복을 생각할 수 없다. 자신의 소원을 이루기 위해 겐주로를 남편으로 삼고 그에게 그림자들의 세상을 강요하는 것은 바로 그녀이다. 그녀의 노래, 그녀의 춤은 겐주로를 유혹하지만, 무덤 저편에 있는 그녀 아버지의 그림자를 향한 것이기도 하다. 이 춤 장면은 와카사의 날카로운 목소리가 고통의 숲이라는 뜻을 지닌 쿠츠키라고 부르는 찡그린 탈에서부터 솟아나는 아버지의 낮은 중얼거림에 의해 점차적으로 덮여버리는 초현실적 이미지로 끝을 맺는다. 노래 가사가 겐주로에게 일체의 도주나 자유에 대한 생각을 품지 말라고 경고하면서, 느리게 요동치는 와카사의 몸,

부채, 사랑의 유희는 차츰 위협으로 변한다. 이제 그는 와카사의 포로이고, 영원한 연인이 될 것이다. 그는 더 이상 예전으로 돌아갈 수 없을 것이다. 이 시퀀스는 밤의 암흑 속에서, 마치 그가 자신이 꾸는 꿈의 포로인 양 끝난다.

미조구치는 전쟁 테마에 대한 변주라는 공통점을 지닌 평행적인 두 개의 이야기를 긴밀히 연계시킨다. 겐주로의 매제인 토베이 또한 자신의 야망과 허영의 희생물로 나온다. 토베이는 전장에 나가 영예와 재산을 획득하기 위해 아내 오하마를 버렸다. 영주를 모시는 군사들과 마찬가지로 그도 흉갑과 창으로 무장하여 군사로 변장한 농부일 뿐이다. 시바타 군대의 군사들에 의해 오하마가 강간당하는 장면은 극도로 폭력적이고, 그 어떤 장면보다도 전쟁의 끔찍함을 잘 대변해준다. 강간은 그녀의 남편이 모험을 찾아나선 도시에서 멀지 않은 곳에서 낭만적인 풍경과 새소리를 배경으로 벌어진다. 강간당한 후 오하마는 그녀를 더럽힌 사무라이로부터 동전 한 줌을 받고 창녀가 된다. 전쟁 중에 일본군이 강제로 데려간 한국 여성들도 마찬가지였다.

도공 겐주로는 와카사 공주의 아름다움에 홀려 그녀의 정부가 된다. 강변의 정사신 후 그는 강간당한 뒤의 오하마와 똑같이, 발톱 모양의 나뭇가지들이 달려 있는 헐벗은 나무들과 황폐한 들판, 죽음의 공기로 둘러싸인 채 땅에 누워 있다. 나중에 미야기 앞에서 속죄할 때 그가 내뱉는 말은 일본 전체가 지나온 시대를 요약해준다. "내 영혼은 전쟁에 의해 비틀렸었다."

미조구치의 예술은 시각적이고, 바로 그런 점에서 그는 모던 시네마를 창조해낸다. 그의 예술은 또한 하나의 건축으로서, 각 숏은 세심한 주의 속에 구성되고, 각각의 촬영 각도는 그가 행위에 부여하는 의미에 맞게 선택되며, 배경을 이루는 각 요소들은 이야기 속에서 하나의 역할을 수행하도록 배치된다. 하늘을 배경으로 하는 죽은 나무의 날카로운 발톱들은 겐주로가 자신의 몸에 새겨 넣도록 하는 마귀 쫓는 주문에 의해 정복되고, 와카사가 부르는 유혹의 노래는 불교승의 주문에 의해 퇴치된다. 마찬가지로, 미야기의 휴머니즘에는 와카사의 욕망이 간직한 동물성이 대응된다. 겐주로가 자신의 정부를 밀어내려고 하는 장면에서 그녀의 가면은 동물의 것으로 변하고, 그녀의 목소리는 비명과 울부짖음과 뒤섞여 알아들을 수 없게 된다. 환상이란 단지 예전의 노로(일본 오키나와 지방에서 혼령을 부르거나 신의 목소리를 듣는 신녀 — 옮긴이)의 샤머니즘 문화와 관련이 있는 어떤 다른 세상을 개척하는 것만은 아니다. 그것은 이 이야기의 배우들이 빠져 있는 소외와 비현실성의 표현이기도 하다.

겐주로가 그 긴 방황 끝에 다시 아내와 아들을 찾았다고 믿는 마지막 시퀀스는 경탄할 만하며, 영화의 첫 부분과 연결된다. 미야기는 부부간의 행복을 상징하는 도공의 회전판 바퀴를 다시 돌리고, 그날 밤 겐주로는 잃어버렸던 사랑의 감미로운 환락을 되찾았다고 생각한다. 그러나 아침에 깨어났을 때 그가 팔에 안고 있는 것은 바싹 마른 시체, 세월에 의해 하얗게 변해버린 머리카락 한 뭉치이다(고바야시는 〈괴이단〉의 '흑발' 챕터에서 이 장면을 정확하게 차용한다).

토베이가 마을로 돌아와 떠나지 말았어야 할 농사에 귀의하는 것으로 영화에서의 순환은 종결된다. 영화 초반에서 그랬던 것처럼, 카메라는 느린 상승운동으로 헐벗은 계곡으로부터 멀어진다.

본 장을 시작하면서 나는 '영화는 일본의 것인가?'라는 문제를 제기했었다. 미조구치의 작품은 그에 대한 답을 주지만, 그것은 질문을 더욱 확장하기 위해서이다. 영화예술은 일본이 영화사상 가장 위대한 영화들 중 몇 편을 만들어낸 이 시기에 많은 것을 빚지고 있다. 영화예술은 또한 일본 문화, 그것이 세상에 내놓은 놀라운 것들, 그것의 완벽함, 절도에 대한 감각, 엄격함의 측면에도 빚지고 있다.

그러나 이치가와나 구로자와 혹은 신도와는 반대로—그리고 니시다 기타로 식으로 문화적 혼합의 경향을 좀더 지향하는 것으로 보이는 오즈를 제외한다면—미조구치의 경우, 이국성이 차지하는 부분을 극히 제한하고 줄인 결과, 우리는 피상성을 벗어나게 된다. 현대 세계에서 여성들이 처한 힘든 조건은 그가 다루는 주제들 중 하나이며, 그는 완전한 동시대성 속에서 사회학자의 비판적 시각으로 이를 분석한다. 전후 일본에서 여성은 남성에게 종속되지만, 자신의 태생적인 열세를 잘 관리한다. 토베이가 사무라이라는 새로운 지위에 따른 영예 속에서 으스대는 동안, 창녀로 전락한 오하마는 삶의 모든 성공은 불행을 대가로 한다는 쓰라린 격언을 이야기한다. 〈오하루의 일생〉에서 젊은 여자가 아버지에 의해 팔려가고,

기생으로서의 자신의 운명에 순응하는데, 이는 사랑의 변덕에 몸을 맡긴 결과 자신이 출구 없는 길로 접어들었기 때문이다. 이런 이야기들에서 신도의 유교적 흔적을 읽을 수 있는데, 신도에서는 전체의 균형에 기여하지 않는 그 무엇도 존재해서는 안 된다고 말한다. 그러나 곰곰이 생각해보면, 미조구치 작품세계의 중심을 차지하는 이 주제는 서양 고전극 및 현대 소설에서 발견되는 주제와 동일하다. 그것은 로셀리니에서 베리만에 이르기까지 전후 리얼리즘 영화에 영감을 주었던 주제이다.

〈비 갠 후 흐릿한 달의 이야기〉에서 우리가 느끼는 감동은 이미지들의 아름다움과 시퀀스에 동반되는 낮은 북소리와 닮은 그 시퀀스들의 느린 리듬에 기인한다. 그러나 그것은 표현되는 감정들의 진실성과 날카로움, 확실한 사실의 불타오름에서 비롯되기도 한다. 나는 겐주로, 미야기, 토베이, 오하마가 살고 있는 외딴 계곡을 보여주는 이미지들 앞에서 첫 발견이 이루어졌던 순간들을 기억한다. 그때 나는 그 사람들이 일본인이고, 그들이 다른 언어를 말하며, 다른 방식으로 살아간다는 것을 잊었다. 나는 그들의 세계 속에 있었고, 내가 그들의 일부인 것처럼 그들도 나의 일부였다. 그들의 환상은 나의 일상이 되었다.

그렇다. 영화는 그 놀라운 전후 시대에 일본의 것이었고, 수많은 걸작들이 배출되었다. 이치카와의 〈버마의 하프〉, 〈들불〉, 미조구치의 〈산쇼다유〉, 구로자와의 〈7인의 사무라이〉, 〈마다다요〉, 〈이키루〉 및 이마무라의 찬탄할 만한 〈나라야마부시코〉에 이르기까지, 일본은 민족주의의 잿더미와 총체적 파괴라는 혼돈의 도가니로부터 모든 국경을 허물어버린 예술을 탄생시켰다.

혁명은

그 당시 이탈리아의 것이었다. (시네클럽이나 때로는 파리의 시네마테크, 혹은 무작위로 상영작들을 선택하는 싸구려 극장으로) 우리가 보러 가던 영화들은 모두 좌익에 동조적이고, 반항적이고, 격렬하고, 확신에 차 있었다. 그 영화들은 너무나 확신적인 나머지, 아주 어린 아이들이 창문 밑으로 흐르는 역사의 흐름, 즉 군중, 소문, 잔인하고 진실되며 한 치의 양보도 없는 장면들을 잠겨 있는 덧문을 통해 몰래 엿보는 것처럼, 오늘날 나로 하여금 마치 내가 특별한 영웅적 모험의 증인이었던 것처럼 느끼게 한다.

비토리오 데시카의 〈구두닦이〉, 〈자전거 도둑〉, 〈두 여인〉,

라투아다의 〈무정〉, 비스콘티의 〈흔들리는 대지〉, 〈로코와 그의 형제들〉, 볼로니니의 〈용감한 밤〉, 펠리니의 〈카비리아의 밤〉, 〈길〉.

영화는 뭔가 말할 것을, 절박함과 초조를 지니고 있었다. 우리는 영화가 끝난 뒤 뛰는 가슴을 안고, 하나의 투쟁이 계속되고 있고 우리가 거기에 동참해야 한다는 느낌 속에 거리로 나오곤 했다. 거기에 정치적 속성은 전혀 없었던 것 같다. 단지 이미지와 일상에서 접하던 현실이 완벽하게 일치되었을 뿐이다. 우리 뒤, 우리 주변, 우리 앞에는 음험하지만 현실적인 위협이 어슬렁거리고 있었다. 계속되던 알제리 전쟁, 시위, 곤봉세례. 우리가 곰팡이 슨 벽들이 들어선 니스 구시가지의 미로 같은 골목길들을 널어놓은 시트 밑으로 통과하여 쏜살같이 달려갈 때면, 아이들은 흥분하여 참새 떼처럼 짹짹거리고, 늙은 여인네들은 야유를 퍼붓고, 작업복을 입은 노동자들은 부르주아 집안의 자손들로 추정되는 고등학생과 대학생들, 즉 반전에 열광하거나 소련이 헝가리를 침공했을 때 공산당 당사 정면에 돌을 던질 준비가 되어 있던 그들을 향해 어두운 시선을 슬쩍 흘리곤 했다.

아마도 그저 단순히 피살라pissalat와 낙화생기름 냄새가 풍기고 아직도 전쟁의 유령들이 여기저기 남아 있는 황토색과 적색의 그 세계, 위장용 문신이 새겨진 벽들, 독일 군인들이 대포를 설치했던 철근 콘크리트 받침대의 흔적들, 철조망으로 둘러싸인 채 버려진 공터들, 그 모든 것이 우리로 하여금 그 영화들이 우리의 이야기를 하고 있다고—보다 정확하게는, 우리가 경험할 수는 없었으나 그것의 계승자인 앞 세대의 역사와 우리를 하나로 결합시킨다고—믿게끔 한 것일지도 모른다.

그 시절 나는 가끔 올리브나무 아래 앉아, 지중해의 반짝이는 빛들을 눈에 가득 머금은 채, 비르질 게오르규의 책을 읽는 체했다. 자각하진 못했지만 사실 나는 네오리얼리즘에 사로잡혀 있었고, 내 눈앞에 보이는 것은 폐허가 된 로마와, 풀리아, 칼라브레, 너무도 하얀 시칠리아, 그리고 트라스테베레 혹은 지리적으로 보다 가까이로는 벤티밀리아와 보르고 산 모리지오의 서민 지역에 사는 그 주민들, 검정 양복과 완벽하게 광을 낸 구두로 선멋을 부린 노인네들, 귀부인들, 너무 짧은 바지에 기운 재킷을 입은 꼬마들, 서넛으로 뭉친 채 청년들 앞을 눈을 내리깔지 않고 지나가던 날카로운 눈매의 젊은 여자들이었다. 그 길들, 그 계단들, 정오가 되면 닫히던 덧문이 달린 그 못생긴 건물들, 그리고 표범 문양의 안장이 달린 오토바이 소리를 되울려내던 그 벽들, 비를 맞고 불쌍한 꼴을 한 야자수들로 가득 찬 해변가 산책로를 달리는 베스파와 알파로메오들, 그리고 특히 카페들, 도로변을 침범하는 테라스 카페들도 보였는데, 거기에서는 활력 없는 대화, 토론하고 험담하고 새로운 소식들을 퍼뜨리면서 세상을 다시 세우던 젊은이들의 떠들썩한 소리가 무한정 늘어지는 것 같았다. 아마 기차와 민둥산 밑 터널로 깊이 빠져 들어가면서 도시를 떠나기 전에 두 가지 톤의 비명, 소용없는 시끄러운 울음소리를 내던 그 두 가지 색의 레일카도 있었으리라. 오래된 항구 부둣가에는 알제리에서 막 도착한 붉은 코르크 짐들을 앞에 두고 파업한 짐꾼들이나 비쩍 마른 말들을 몽둥이로 때리며 도살장으로 내모는 마상들. 때때로 다랑어 피를 바른 트롤망 끄는 배와 어부들을 축복하러 가기 위해 깃발과 이동닫집, 향로로 꾸민 화려한 행렬을 조직하던 신부님들. 꼬리에 옹기종기 매달린 아이들의 무리로 흔들리던 전차들. 장터 공연, 집시들, 〈길〉에 나오는 안소니 퀸과 줄리에타 마시나를 닮은 곡예사들, 발코니에서 아래에 지나가는 고등학교 남학생들을 소리쳐 부르던 헤픈 여자들, 그리고 미용실(모토소네 집)에는, 수상한 바에서 파스티스를 마시고 나와 그 앞 길바닥에서 총에 맞아 죽은 동료 한 명의 장례식에 가기 전 면도하러 들리던, 검정색으로 차려입은 오페레타의 갱스터들.

이 모든 것은 생생한 정취 묘사를 위해서가 아니라, 전후 이탈리아 영화—아직 이름이 붙여지지 않았던(1966년에야 개봉된 질로 폰테코르보의 영화 〈알제리 전투〉를 우리는 당시에 보지 못했었다) 알제리에서의 또 다른 전쟁이 끝난 1962년까지 지속되었던 그 선후—가 나를 포함한 당시 젊은이들에게는 얼마나 진정한 우리의 진실이고 우리의 삶이었는지를 말하기 위해서이다. 우리는 그 영화의 근원과 테크닉들을 공부할 필요가 없었다. 그 영화는 우리 안에 있었고, 도시와 주민들로부터 스며 나왔고, 우리의 고초에 대해 이야기했다. 그것은 또한 농담을 하기도 했고, 우리를 울리기도 웃기기도 했다. 그것은 우리의 이야기를 하고 있었다.

〈아카토네〉,

거지라는 뜻의 이 이름 속에는 마법과 같은 것이 있다. 나는 파솔리니의 이 영화를 처음 봤을 때의 충격을 기억한다. 동네의 한 작은 영화관에서였던 것 같은데, 영화가 며칠 안 걸려 있었고, 최근작이었고, 〈테오레마〉(1968)나 〈살로, 소돔의 120일〉(1975)이 파솔리니에게 뜨거운 영광을 가져다주기 전이었다. 그럼에도 불구하고 나는 즉시 이 영화가 다른 어떤 영화보다도 동시대 세계를 잘 보여주고 표현하고 이야기하고 있다는 것, 그리고 1960년의 그 로마가 나의 도시, 내가 자라고 내가 살고 있는 도시라는 것, 아무것도 아무도 그 속에서 내게 낯선 것은 없고, 그 이미지들은 나로 하여금 나의 존재와 나의 양식과 나의 근원을 인식하도록 하는 씁쓸한 힘과 풍자와 부드러움을 지니고 있다는 것을 느꼈다. 그것은 로마지만, 제노아나 산레모, 또는 니스나 마르세유라도 마찬가지였을 것이다. 외곽도로의 먼지 날리는 넓은 길들에는 불빛이 눈부시게 퍼지고, 그림자는 아주 어둡고, 벽들은 칠이 벗겨져가고 있다. 못쓰게 된 벽돌들이 쌓인 폐허는, 폭격 후의 풍경 속에 우뚝 선 채 천편일률적인 창문과 발코니가 설치된 추한 대형 건물들과 가스 공장들, 조차장操車場들, 접근 불가능하며 인적이 없는 일종의 성채들, 그리고 불도저로 갈아엎은 땅, 참호들, 어두운 계곡들 위로 세워진 다리 기둥 위에 걸려 있는 고속도로의 토막들 같은, 재건 중인 나라의 미래주의적인 건축물들과 이웃하고 있다. 파솔리니는 향후 몇십 년간 영화에서(일례로 라데팡스의 진흙의 혼돈 위에서 촬영된 고다르의

〈국외자들〉과 프란체스코 로지의 〈도시를 주무르는 손〉 또는 심지어 벤더스의 〈베를린 천사의 시〉의 베를린에서) 다시 등장하게 될 모던의 풍경을 창조하고 있었다. 황량한 그 도시는 길을 잃은 그 세대 남자들과 여자들의 배경이다. 총알로 난사당한 벽들과 버려진 계곡들은 그들의 주거지이며, 공터들은 아버지 없는 아이들의 놀이터이고, 길거리는 갱단과 경찰과 매춘부들 간의 충돌의 전장이다. 이 모든 것은 사회 분쟁과 특히 윤리적 상실을 묘사하는 영화들에서 향후 다시 발견될 것이었다. 기묘하게도 세르지오 레오네는 몇 년 후 〈아카토네〉의 배경은 물론 그 부랑자들의 외양까지 사용함으로써 덧없음과 허무함, 황폐함의 낭만주의를 유행시키게 되고, 실제 현실과 아무 관련이 없지만 무법이 판치는 동정 없는 세상을 의미하는 웨스턴을 재창조하게 된다.

그런데 〈아카토네〉는 그보다 더 가치 있다. 이유가 없는 것은 하나도 없고, 미학적인 것도 전혀 없는 것이다. 배경이 되는 것은 공허이다. 전쟁이 땅 위에 남긴 공허, 패배와 비인간화가 사람들 마음속에 남긴 공허. 전쟁의 흔적들은 지울 수 없다. 벽면에 새겨진 기관단총 속사의 흔적들, 긁힌 자국, 그을

음, 영원히 불모지가 되어버린 땅, 그 무엇도 이를 변화시킬 수 없다. 인간들에게서, 특히 비토리오에게서 보이는 것은 침묵, 고집, 분노, 난폭함, 비현실성의 느낌이다. 파솔리니는 동요의 시네아스트이며, 이면裏面의 시네아스트이다. 그는 상징들을 재창조하고 그것들의 의미를 변화시킨다. 그는 전근대성과 완전히 낯선 곳에 온 듯한 느낌을 사용한다. 과거의 영광에서 남은 것이라곤 아무것도 없고, 앞으로도 아무것도 없을 그 불모의 도시는 의혹의 장소 그 자체이기 때문이다. 이와 같은 로마 속 인물들은 이탈리아인보다는 마그레브인을 닮았다. 그들의 말투, 제스처, 앉는 방식, 비토리오가 구역질과 분노를 표현하기 위해 땅에 침을 뱉는 방식이 그렇다. 마찬가지로, 〈아카토네〉와 (시기와 주제 면에서) 가장 가까운 〈마태복음〉에서 파솔리니는 유대의 여성들에게 시칠리아 여인들의 복장을 입히고 헤롯 왕의 군사들은 파시스트 군인들의 제복을 입도록 한다. 그러나 배경과 의상 이상으로 파솔리니는 취향을 제시하고, 혼합과 불확실성과 모호함의 필요성을 보여주었고, 바로 그 점에서 나는 그 순간 그렇게도 감동을 받았던 것이다. 나의 삶과 향후 도래할 미래에 나는 그와 같은 모순들에 대한 증인이었던 것이다. 내가 태어났을 때 벌어지고 있던 전쟁과, 알제리에서 젊음을 소각시키고 휴머니즘의 가치라고 하는 것들을 부인하던 전쟁, 그리고 멀리서 들려오는 온갖 종류의 배신에 관한 소문들. 아무런 준비 없이 〈아카토네〉를 받아들였을 때 나는 비토리오, 막달레나, 스텔라와 동시대인인 것처럼 느껴졌다. 그 세계를 돌아다니는 유령들은 내가 현실에서 마주치는 것들이었다. 그곳에서 무너지는 가치들은 인종주의, 타인에 대한 공포, 금선만능주의, 남녀관계의 난폭함, 믿고 있던 것들에 대한 실망, 정치적 싸움의 격렬함 등에 의해 매 순간 부인당하고 있음을 나 자신이 목격한 것들이었다. 파시즘과 식민주의에 의해 영원히 신뢰를 잃은 부르주아지의 유령들. 아프리카, 프랑스, 인도차이나뿐 아니라 헝가리와 폴란드에서도 목도되는 저항의 진압. 일체의 변화가 불가능하다고 느끼는 비토리오의 감정을 어떻게 자신의 것으로 삼지 않을 수 있을 것이며, 감옥, 도시의 벽, 계급이라는 장벽 속의 그 갇혀 있음을 어떻게 공유하지 않을 수 있겠는가.

아마도 〈아카토네〉는 이탈리아 네오리얼리즘 역사상 혁명을 화려한 관점으로 제시하지 않은 최초의 영화일 것이다. 그람시에 대한 파솔리니의 관심과 계급예술에 대한 환멸은 잘 알려져 있다. 그러나 〈아카토네〉를 밝게 비추며 영화에 새로운 차원을 부여하는 것은 그 보이지 않는 흐름, 존재들을 관통하고 빛을 밝히고 청춘을 전율케 하는 그 생명력이다. 열광. 굶주림. 내가 생각하기에 다른 어떤 시네아스트도, 마우로 볼로니니의 〈소년들〉에 나오는 다정한 방식이 아니라 미켈란젤로나 지오토 같은 르네상스의 가장 위대한 예술가들의 것이었으리라고 상상되는 거친 형제애로써 청춘의 매력과 생명력을 보여주지 못했다. 그 나이 때의 비이성, 티브레스 강 다리 위에서 몸을 던지면서 내기를 위해 생명을 거는 비토리오, 헌병들을 도발하고 자기 주변의 모든 사람들, 심지어 그의 친구로 자처하는 이들과도 싸우는 그의 태도. 먼지 속에서 뒹구는 길거리 싸움, 할리우드 영화의 정돈된 싸움들과는 매우 거리가 먼 무질서하고 동물적인 마구잡이 싸움 속에서 우스꽝스러움으로까지 치닫는 장면들. 아카토네는 세상에서 가장 문명화된 도시에 살고 있는 일종의 야만인이다. 살아남기 위해 또는 살아 있다는 것을 증명하기 위해 그는 어떤 짓이라도 할 준비가 되어 있다. 그는 거짓말을 하고, 훔치고, 막달레나로 하여금 다리가 부러졌음에도 불구하고 매춘을 하도록 강요한다. 그러나 그는 영웅이 아니다. 심히 인간적인 얼굴을 한, 자크 카요의 판화에서 튀어나온 듯한 이 부랑자들은 사회의 쓰레기이며, 어찌나 불쌍하고 가난하고 굶주렸는지 그로테스크하기까지 하다. 파스타 한 접시를 위해 그들은 배신을 서슴지 않는다. 그 부류를 지배하는 것은 굶주림이다. 굶주림은 강박이며 '악덕'이라고 아카토네는 말한다.

비토리오는 '아카토네', 거지, 포주이다. 그러나 영화에서는 '포베렐로(poverello, 가난한 소자–옮긴이)' 즉 가난에 대한 예찬을 어디서도 찾아볼 수 없다. 성 프란체스코에게 헌정된 영화 〈매와 참새〉(1966)에서 파솔리니에게 영감을 준 것은 기독교의 신비주의가 아니라, 성스러움에 대한 욕망에 반하는, 프란체스코를 비참하고 영웅적이고 인간적으로 만드는 현실의 폭력성이다.

거리가 있다. 다리 그늘에서부터 솟아나와 크게 커브를 트는 일종의 먼지 낀 협곡으로, 옆으로는 창녀들이 차가 지나가기를 기다리며 붙어 있는 비탈면이 나 있다. 로마에서의 이야기이다. 현대 세계, 지하 세계의 그 어디라고 해도 될 것이다. 그러나 물론 이곳은 로마이고, 부랑자들에게 맞고 난 막달레나는 사이프러스 가로수길을 아피아 거리를 따라, 창녀들과 밤짐승들의 약속 장소가 되어버린 영원한 로마라는 일종의 부조리한 클리셰 속에서 걸어간다. 오래된 역사가 돌들과 벽면에서, 나무들과 언덕들에서, 분수들과 하늘에서 솟아난다. 부에노스아이레스, 마드리드, 바르셀로나, 그 어디라도 될 수 있을 것이다. 러시아도, 루마니아도, 알제리도 될 수 있을 것이다.

그 이미지들과 그 인물들과 그들의 이야기에서 후려치는 듯한 충격을 느끼며, 나는 카뮈(알제리 전쟁 시기에 그는 우리에게 그람시나 사르트르보다 더 비중 있는 멘토였다)를, 『이방인』은 물론 『안과 겉』에서 읽은 에세이들을 생각하지 않을 수 없었다. 그것은 동일한 불확실성, 동일한 불가능성, 동일한 나라, 동일한 굶주림이다. 비토리오는 도시 변두리 세계의 산물이고, 아직 동네 같고 가족적인 옛날 사회의 모든 표식들을 지니고 있지만, 그 표식들은 그를 가둔 함정의 비인간성에 의해 변질되었다. 그의 운명은 거리, 밤이 되면 포주들이 자신의 비호 하에 있는 창녀들을 일자리로 내모는 협곡과 닮아 있다. 그는 피해자가 아니라 미리 유죄를 선고받은 포식자이다. 그는 과거도 도덕도 없고, 필시 미래도 없을 것이다. 그는 비스콘티의 〈로코와 그의 형제들〉에서부터 칠레의 미구엘 리틴의 〈나우엘토로의 자칼〉 호세를 거쳐 고다르의 〈미치광이 피에로〉에 이르기까지, 전후 리얼리즘 영화에 끈질기게 나타나는 모든 나쁜 남자들의 모델이다.

스텔라가 등장한다. 그녀는 파솔리니의 영화 중에서, 아니 어쩌면 이탈리아 영화사상 가장 감동적인 인물 중 하나일 것이다. 그녀는 하나의 아이콘, 로마의 잔해 속에서 길을 잃은 무솔리니 시대의 생존자와도 같다. 그녀는 아름다움, 건강, 북부 이탈리아의 도덕적 힘을 갖고 있고, 세속적이고 관능적인 무엇인가를 품고 있는, 말하자면 성모의 모습으로서, 고전 조각상이나 우표에서 볼 수 있는 이탈리아의 영원한 이미지(들라크루아의 바리케이트에 선 민중을 이끄는 자유의 여신을 생각해 볼 수 있다)를 상기시킨다. 그녀는 고용주들로부터 기만당하는 단순한 노동자로서 검소한 삶을 살고, 그녀는 신선함과 순진함 그 자체인 것으로 보이며, 그녀가 비토리오를 사랑하게 될 때 우리는 그 부랑자로 인해 그녀가 어떤 운명을 겪게 될 것인지 이미 안다. 그러나 그녀에게도 과거가 있다는 것, 그녀의 어머니가 창녀였다는 것, 그리고 그녀가 아카토네에 대해 어떤 환상도 갖고 있지 않다는 것을 알게 된다. 그녀는 그가 자신을 밤거리로 내보내려 한다는 것을 알지만 그렇다고 해서 그를 사랑하지 않게 되는 것은 아니다. 비토리오에 대한 사랑으로 그녀는 수락한다. 꺾여버린 순수함과 신선함이라는 것은 대담한 소재였다. 악에 대해 승리하는 스텔라의 덕에는 관습적인 면이라고는 전혀 없다. 비토리오에 대한 그녀의 사랑의 힘만이 운명을 바꿀 수 있다. 스텔라를 거칠게 자동차로 데려갔던 고객은 이제 스텔라 앞에서 참회한다. "세상은 시궁창이 되어버렸어."

그녀는 자신의 운명으로부터 벗어나고자 하는 모든 창녀들처럼 아피아 거리를 밤중에 돌아다닌다. 그리고 아카토네의 삶이 급변한다. 이는 그리스도에 의한 속죄의 결과가 아니라, 그 또한 느끼게 되는 절망으로부터의 유일한 탈출구인 사랑에 의해서이다. "나는 그리스도가 살아 돌아온다 하더라도 더 이상 이렇게 살고 싶지 않다"라고 그는 말한다. 사랑으로 매춘을 시도했던 스텔라를 따라 비토리오는 일을 해보려고 하지만 헛수고이다. 이는 사회가 이미 그에게 유죄를 언도했기 때문이며, 그는 거지, 조롱거리이고, 변화하지 못할 것이다.

아카토네의 꿈은 절제된 방식으로 달성된 놀라울 정도로 강렬한 순간으로, 마치 나 자신이 꿈을 꾼 것처럼 내 머릿속을 떠난 적이 없는 장면이다. 아카토네가 거리에 있고, 벽 쪽으로 걸어가다가, 햇살 가득한 그곳에서 함께 방탕하게 살았던 친구들의 바싹 마르고 미라가 된 시체들을 발견한다. 조금 더 가서 그는 내리쬐는 햇빛으로 무기력해진 먼지투성이의 황량한 변두리에서 느리게 전진하고 있는 장례 행렬과 마주친다. 침묵 속에서 오직 비토리오의 숨 소리와 멀리서 조종 소리만이 울려 퍼진다. 모습을 드러내는 군중 앞으로 관이 구르고 비토리오가 "무슨 일이에요?"라고 묻자 행렬 속의 한 사람이 "아카토네가 죽었소"라고 답한다. 그가 방황하던 시기에 자주 앞을 지나쳐갔던 묘지의 문은 이제 그의 면전에서 닫혀버린다. 벽 너머로 그는 언덕 사면에 자신의 무덤을 파고 있는 인부를 지켜보다가, 간청하는 목소리로 그에게 무덤을 좀더 멀리, 해가 나는 곳으로 파달라고 부탁한다.

이야기를 끝맺는 것은 그의 꿈이다. 거짓말쟁이, 도박꾼, 도둑, 포주로 태어난 아카토네는 자신의 운명을 바꿀 수 없고 스텔라의 사랑도 그것을 어쩔 수 없다. 훔친 오토바이를 타고 가다가 당한 작은 사고로 그는 자신이 대항했던 바로 그 강가 길바닥에 눕는 신세가 된다. "이제 기분이 좋군." 그는 죽기 전에 속삭인다.

#3

스티븐 토볼로스키의 지금까지의 삶

(레장 뒤샤름의 『모린 오하라의 지금까지의 삶』을 기리며)

〈스페이스볼〉(1987)의 더 가드 대위 역

〈열정의 로큰롤〉(1989)의 저드 필립스 역

〈델마와 루이스〉(1991)의 맥스 역

〈스니커즈〉(1992)의 워너 브랜즈 역

〈사랑의 블랙홀〉(1993)의 보험사 직원 네드 라이어슨 역

영화 속에서 반복되는 이 작은 역 덕택에 그는 유명해졌다. 촬영지였던 우드스톡에는 그가 빌 머레이와 맞닥뜨리는 길모

통이에 간판이 하나 세워졌다.

〈방송국 사고파티〉(1994)의 사운드엔지니어 애플화이트 역

〈미스터 마구〉(1997)의 척 스튜팍 역

〈인사이더〉(1999)의 에릭 클러스터 역

〈메멘토〉(2000)의 새미 젠키스 역

〈프레디 갓 핑거드〉(2001)의 닐 삼촌 역

〈프리키 프라이데이〉(2003)의 베이츠 교사 역

〈가필드〉(2004)의 해피 채프먼 역

〈포프 드림즈〉(2006)의 칼 버너블 역

〈블라인드 데이팅〉(2006)의 퍼킨스 박사 역

〈토털리 베이크트Totally Baked: A Pot-U-Mentary〉(2006)의 제스코 롤린스 역

그 외에 스티븐 토볼로스키는 자전적 단편인 〈스티븐 토볼로스키의 생일잔치〉(2005)와 희곡을 스크린상에 옮긴 〈할리우드의 두 바보〉(1988)의 작가이자 배우이다.

카메라를 손에 들고,

시네아스트들은 동시대 역사와 함께했다. 그들은 우리를 둘러싼 세계, 시사적 사건, 우리가 살아가는 매일매일의 현실을 구성하는 지리멸렬한 조각들에 대한 새로운 시각을 창조했다. 어떤 면에서 그들은 새로운 윤리를 탄생시켰다. 극장의 의자, 아니 그보다는 우리의 안식처인 거실에서 방석 몇 개를 가져다가 편안히 자리잡은 채, 우리 시대의 가장 폭력적이고 가장 의미 있는 장면들과 마주한다. 과거에는 큰 사건들—백년 전쟁, 스페인의 멕시코 정복 또는 심지어 프랑스 군대의 알제리 폭격까지도—이 역사가들이나 극히 드문 목격자들의 증언을 거쳐서만 우리에게 당도했다. 우리의 상상력을 발동시키는 데 성공하는 자료들은 흔치 않다. 괴테의 발미 전투에 대한 증언이나 스티븐 크레인의 미국 내전 당시의 증언을 꼽을 수 있을지 모르겠다. 톨스토이는 나폴레옹 군의 러시아 침략을 언급하지만, 그것은 『전쟁과 평화』 속에서 소설의 형태를 빌려 나타난다. 엘뤼아르, 아폴리네르, 르네 샤르는 그들의 시에서 전쟁의 참상을 이야기했고, 피카소는 〈게르니카〉나 〈한국에서의 학살〉과 같은 그림에서 동일한 작업을 했다. 그러나 그 어떤 것도 제1차 세계대전이나 스페인 전쟁 중에 촬영된 이미지들의 영향력과 반향에 버금가지는 못한다. 러시아 혁명의 자료영화들은 그 결정적인 전복에 대해 좀더 잘 말해준다. 이는 카메라가 포착한 중대 사건들—곧 암살되어 멸문될 니콜라우스 황제의 가문, 사제 라스푸틴의 광적인 얼굴, 탄압, 클로즈업으로 촬영된 레닌의 연설들, 첫 민중 행렬들—에 의해서지만, 특히 변화하고 있는 한 세계의 일상적 이미지들, 10월 혁명 전에 이미 자동차와 전차로 막혀 있는 상트페테르부르크의 거리들, 그들의 농경지 앞 도로변에 서 있는 모습이 카메라에 잡힌 중세 시대로부터 솟아나온 듯한 농민들의 얼굴에서 드러난다. 서유럽에 도래한 전쟁, 기관총 난사 속에 대부분이 죽게 될 청년들의 얼굴의 물결들,

하늘에서 촬영된 첫 공중전들, 총알로 흔들리고 줄이 간 이미지들, 또는 베르덩 전장의 광경, 검게 탄 언덕들을 비추는 카메라, 참호 속에 쌓여 있는 관절이 뒤틀린 몸뚱이들. 카메라 렌즈는, 시간적 거리에도 불구하고 완화되지 못하는 일종의 비인간적인 객관성 속에서 이 모든 것을 냉정하게 포착하여 친근하면서도 낯선 추억처럼 우리 앞에 재건해놓는다. 그 무엇도 그 누구도, 히틀러가 출자한 선전영화인 〈의지의 승리〉에서 여배우 레니 리펜슈탈이 찍은 베를린에서의 군대 행렬 및 괴기한 히틀러식 집회보다 1930년대 독일 나치의 소름끼치는 권력 장악에 대해 더 잘 말해줄 수는 없을 것이다. 친위대와 소대장들에 의해 한 방향으로 정리된 채 횃불을 들고 거리를 행진하거나, 깃대들과 개선문들 밑에서 독수리들과 깃발들을 마주본 채 연단 앞에 차려자세로 정렬하여, 확성기로부터 나오는 목소리에 정신을 뺏긴 채 한 목소리로 화답하는 그 조직적인 군중. 부분적으로는 만들어진(이 군중 속에는 많은 엑스트라가 숨어 있음을 쉽게 상상할 수 있다) 이 무대 연출의 설득력과 효율성이 어찌나 대단했던지 우리는 이 영화들이 소련연방, 중국, 라틴아메리카의 향후 독재 권력들에 어느 정도 모델이 된 것은 아닌지 자문해볼 정도이다.

영화는 시작부터 현실을 발명하고, 그것의 모양을 빚고, 그것을 변형시켰다. 백 년이 지난 후 우리가 초기 뉴스 이미지들을 흥미롭게 감상하는 것은, 우리가 보고 있는 것이 더 이상 존재하지 않지만 그것이 존재했음을 알고 있기 때문이다. 우리는 그 남자들과 여자들이 움직이고, 말하고, 웃는 것을 보며, 그들 삶의 한 귀퉁이를 엿본다. 그들은 우리처럼 숨을 쉬었고, 생각을 했고, 꿈을 꿨으며, 사랑을 했다. 우리는 어릿광대 요릭의 해골을 다루는 햄릿 왕자와 비슷하다. 움직이는 이미지의 현실은 그 미스터리를 한층 더 이해하기 어렵고, 한층 더 불안한 것으로 만든다. 모든 자료들이 거기에, 눈앞에 있지만, 우리가 찾아내지 못하는 것은 의미이다. 어떻게 그 모든 것, 그 이야기, 그 진실, 그러한 삶의 순간들이 가능했을까? 그들 속의 무엇이 우리로 하여금 그들을 낯설게 느끼도록 하는가? 우리가 그토록 변한 것일까? 우리는 이 증인들이 미처 알아보지 못한 비밀들을 아는 것일까, 아니면 반대로 여러 세대가 지남에 따라 전전戰前의 드레스덴이나 베를린의 젊은 독일 청년, 게토 시대의 폴란드 여공 혹은 스탈린이 젊었던 시대의 우크라이나 농부에게 있어서, 삶이 과연 무엇이었는지를 상상할 능력이 없는 것일까? 그리고 그것이 사실이라면, 이미지가 우리에게 제공하는 것이 그림자들뿐이라면, 그리고 현실이 우리의 이해를 비껴간다면, 러시아 지도학자인 블라디미르 아르세니에프의 탐험이 있은 지 백 년이 지난 후 시베리아에서 촬영된 〈데르수 우잘라〉에 대해서는 뭐라고 해야 할까? 우리가 부분적으로 동시대인이었던 가장 최근의, 가장 가까운, 가장 의미 있는 사건들—베를린장벽 붕괴, 코소보 전쟁, 이스라엘과 팔레스타인의 충돌, 르완다, 비아프라 전쟁에서의 살육, 다르푸르의 기근, 이라크의 쿠르드족 학살, 미 공군에 의한 바그다드 폭격—은 어떻게 이해해야 할까?

영화라는 것 전체가, 다큐멘터리이건 극영화건, 사실주의 영화건 판타지 영화건, 그 효과를 감소시키는 이와 같은 역사적 측면을 지닌다. 우리는 검열에 관해 자주 듣는다. 마치 그것이 눈에 보이는 통제, 한 시대가 정한 금기들에 부응하기 위해 필름을 자르는 데 여념이 없는 거대한 가위인 것처럼. 영화 예술 속에는 우리가 보지 못하는 것, 볼 수 없는 것이 모두 포함되어 있다는 게 사실이다. 예를 들어, 1950년대에는 침대 위에서 러브신을 찍으려면 여자는 반드시 발 한쪽을 땅에 내려놓고 있어야 했다는 사실을 아는 것은 유용하다. 그리고 오늘날에도 여전히, 지배적인 할리우드 윤리 시스템 속에서 여성의 나체(남성의 나체는 훨씬 더하다)는 전쟁의 폭력보다 더 엄격하게 검열되고 있다. 금기사항들은 우리가 짐작하는 것보다 훨씬 많다. 죽음, 노화, 질병의 금기. 동성애, 혼혈, 자살의 금기. 때로 입법기관이나 사법기관은 영화를 동시대 사회가 겪고 있는 악에 대한 유일한 책임자로 지적하지만, 영화 이미지들은 현실을 반영할 뿐이다. 마이클 포웰의 1960년 작 〈피핑 톰〉은 실제로 새디즘을 촬영하는 스너프 무비를 조장했다는 비난을 받았다. 〈킬러Natural Born Killers〉는 청소년들을 무동기 범죄로까지 끌고 갔다고 고발되었다. 다르덴 형제의 〈로제타〉는 1999년 벨기에에서 청소년 범죄에 맞서기 위한 로제타 플랜을 낳았다. 동일선상에서 마티외 카소비치의 〈증오〉는 프랑스 교외 폭동의 전조였고, 나아가 그것에 영감을 주었다는 비판을 받았다.

장-뤽 고다르가 핸드헬드 카메라에 대해 이미지를 변질시킨다고 비난한 것은 옳았다. 그 속에서 그는 현실에 대한 이해가 박탈되는 것을 감지한다. 1960년 자코페티의 〈몬도카네〉는 세상에 대한 조작되고 단순화된 센세이셔널리즘(충격 다큐라는 말이 생겨났다)의 일례를 제공했다. 사건과 스캔들에 대한 욕구, 시사時事의 숭배는 순수하지 못하다. 그것들은 현실을 우리가 관음증 환자가 되어 바라볼 수밖에 없는 스펙터클로 변화시킴으로써 우리 내부로부터 그 현실을 비워버린다. 그 평범함, 그 무뎌진 시선은 역사를 갈아내고 닦아버린다. 나치 강제수용소에서 탈출한 몇몇 포로들이 처음으로 〈밤과 안개〉를 통해 그들의 도살자들이 찍은 이미지를 봤을 때의 심란함에 (알랭 레네의 재능과 감동에도 불구하고) 절절히 공감하기란 어렵지 않다. 그 이미지들의 차가운 사실성, 외설적인 평면화는 그들이 기억하는 내용을 지워버리고 무효화하는 것 같았다. 그들이 직접 살로 겪고 그들의 뇌 속에 각인된 고통의 자리에, 그 몸들의 더미, 그 공포에 질린 비쩍 마른 얼굴들, 딴 세상에서 온 듯한 공포의 메커니즘이 대신 들어앉았다.

촬영된 이미지들은 인류의 역사와 동행하면서, 그 역사에 영화 발명 이전에는 존재하지 않았던 의미를 부여한다. 우리는 독립을 획득하기 위한 인도 국민의 투쟁, 세포이 항쟁의 극적인 순간들, 반란군에 의한 칸푸르 점령, 잔시의 여왕이 벌인 투쟁과 점령자의 총탄 속에 쓰러진 그녀의 영웅적인 죽음을 대략 알고 있다. 그 서사극에 대해서는 영군 군대가 찍은 이미지들보다 더 잘 말해주는 것이 없는데, 그 이미지들은 소금

행진 당시 간디 뒤에서 도로 위를 흐르는 강력하고 저항할 수 없는 강과도 같았던 인도 군중을 보여준다.

우리는 더 이상 이미지 없는 세계에서 살아갈 수 없을 것이다. 우리 삶의 매 순간, 모든 상황 속에서, 그 가상의 내용은 우리의 심연 속에 들어와 박힌다. 매 순간 현재는 과거로 변하고 그 변신의 기준들을 정한다. 우리의 삶, 우리의 제스처들은 가게, 은행, 도로 위, 병원 입원실에서 카메라들의 기계적인 시선의 포로가 된다. 세상의 몇몇 민족들은 아직 그에 대해 저항하고 있지만, 앞으로 얼마나 갈까? 뉴멕시코의 푸에블로 인디언들은 보호소 입구의 푯말을 보완했다. 이제 금지되는 것은 사진기, 영화용 카메라뿐 아니라 휴대전화도—휴대전화로도 찍을 수 있기 때문에—포함된다.

새로운 윤리를 받아들일 결심이 필요하다. 카메라를 손에 들고, 시네아스트들은 다른 어떤 소통 수단도 그들 이전에 감당한 적이 없었던 책임감을 만들어냈다. 전쟁 르포르타주, 지진, 태풍, 자연재해 등 지구를 뒤흔드는 중대한 사건들에 대한 극적인 장면이 없다면 우리가 세상에 대해 갖는 생각이 지금

같을 수 있을까? 오염, 사막화, 우리 지구의 균형에 필수적인 거대 삼림의 손실에 대해, 그러한 폐단이 진행되는 것을 우리에게 보여주는 이미지들이 없다면 우리가 느끼는 책임감이 지금 같을 수 있을까? 1918년에 티푸스(스페인 독감)는 전쟁에서 죽은 참호 속 군인들보다 더 많은 인명 피해를 냈다. 그러나 우리의 기억 속에 보존되는 것이 전투인 것은, 질병으로 죽어간 수백만 명의 사망자들은 전장이 조용해졌을 무렵 집에서 사망했고, 그 대부분이 노인이나 아이들이었기 때문이다. 그들의 이미지는 우리에게까지 전해지지 않았고, 그들의 이름은 기념물에 새겨져 있지 않다.

(오랫동안 기밀로 봉해져 있던) 미군 자료들을 편집함으로써 2003년 팀 커란은 1945년 8월 6일 아침 8시 15분에 히로시마를, 그리고 8월 9일 11시 2분에 나가사키를 각각 파괴한 두 원폭 사건의 진행과정에 대한 영화를 재구성한다. 그 끔찍한 사건들은 이미 수없이 유포되었고 우리는 거기에 익숙해졌을 수도 있을 것이다. 우리는 1만 미터 상공까지 치솟아 오르는 버섯구름과 쑥밭이 된 땅, 히로시마 중앙의 분화구, 검게 탄 벽들, 피부가 벗겨진 부상자들, 방사능에 의해 대머리가 된 아이들, 나병환자처럼 얼굴이 문드러진 노인들을 보았다. 그러

나 우리는 인류 역사상 가장 큰 전범戰犯 중 하나(몇 초 만에 주로 민간인을 중심으로 14만 명의 사망자가 발생했다)로 기억될 것에 대한 느리고 준엄한 준비를 그 모든 세부과정까지 일일이 본 적은 단 한 번도 없었다. 오픈하이머의 지시 하에 로스 알라모스의 연구소에서 이루어진 첫 폭탄의 비밀스러운 개발에서부터, 그와 같은 무기의 사용이 초래할 결과들에 대한 어떤 의혹의 여지도 남길 수 없었던 뉴멕시코 사막의 알라모고르도에서 행해진 첫 발사에 이르기까지. 준비과정, 일본을 향한 거대 전투기들의 이륙을 가능하게 해줄 활주로 건설을 목표로 수행된 이오지마 및 야카시마에 대한 대량 살상 공격. 첫 폭탄에 어머니의 이름 에놀라 게이라는 세례명을 붙이는 전투기 조종사 티베츠 대령, 히로시마를 향한 이륙. 콕핏 안에서 찍은 장면들, 상공 약 1만 미터 높이의 비행으로 아래에 규칙적인 길들이 만들어낸 질서정연한 구획과 낮은 집들이 완벽히 보이는 도시. 폭탄 투하, 이어서 폭발에 따른 눈부신 섬광에서 탈출하기 위한 선회. 코쿠라로 향하는 두 번째 임무, 도시를 가리고 있는 구름덩이들, 그래서 두 번째 폭탄 팻맨Fat Man의 대체 목표물 탐색 결과 선택된 나가사키. 갑실 문 개방과 폭발 사이의 몇 초, 아마 인류 역사상 가장 길다고 할 그 몇 초

동안 카메라는 그 화창한 여름날 늦은 아침의 잠든 듯한 작은 항구 도시를 촬영한다.

이 이미지들은 그에 대한 분석이나 그로부터 도출되는 결론이 무엇이든 간에 결코 지워지지 않을 것이다. 그것들은 우리의 기억에 남을 것이다. 백 년 후, 천 년 후—만약 세상이 그때까지 지속된다면—에도 여전히 존재할 것이다. 이것이 바로 우리 시대의 새로운 윤리이다. 이데올로기, 종교, 정치적 고려와는 무관하다. 핸드헬드 카메라는 증거들을 가져온다. 어떤 것들은 논박의 여지가 있지만, 어떤 것들은 그렇지 않고, 또 영원히 그렇지 않을 것이다. 재판은 아마 결코 열리지 않을지도 모른다. 판사들은 절대 출두하지 않을 것이고, 심지어 그들은 개정을 선언하러 오지도 않을지 모른다. 그러나 증거들은 거기에 있을 것이다.

2005년에 시네아스트이자 리포터인 유진 자레키는 카프라의 영화 〈우리는 왜 싸우는가Why We Fight〉(독일과 일본에 대항한 전쟁에 돌입할 당시 미군이 출자한 영화)의 제목을 그대로 따서 미국을 이라크 전쟁으로 끌어들인 정치적, 경제적 조직을 고발

한다. 정치적 음모라고 말하는 이들도 있을 것이다. 중동에서의 테러리즘의 위협과 극단주의의 부상에 대해 잘 모르고 하는 평화주의자들의 우는 소리라고 말하는 이들도 있을 것이다. 그러나 이 전쟁의 끔찍함, 더 나아가 모든 전쟁의 끔찍함의 정도를 가장 잘 가늠케 하는 것은 미 공군이 바그다드를 폭격할 당시의 이미지들이 전혀 없다는 사실이다. 컴퓨터 모니터상에서 이루어진, 비디오 게임 이미지를 닮고 첨단 기술이라는 가면으로 위장한 이 전쟁은 한 도시 위로 투하된 2톤짜리 폭탄들(베를린에 가한 마지막 폭격에서 도시를 완전히 쓸어버린 폭탄들은 5백 킬로그램을 넘지 않았다)의 폭발을 더욱 요란스러운 것으로 만든다.

로리 케네디와 마크 베일리의 르포르타주 〈에이즈에 맞서다 : 태국편〉은 에이즈에 걸려 고향의 부모님 댁으로 피신 온 한 젊은 창녀의 죽음을 향한 느린 하강을 따라간다. 이 르포르타주는 우리 지구에 살고 있는 인구의 10분의 1과 관련된 비극에 대해 그 어떤 협약이나 통계 자료들보다 더 잘 말해준다. 주인공인 사Sah의 희망, 그녀의 어머니와 딸의 사랑, 이어서 죽음이 다가옴에 따라 그녀를 사로잡는 분노, 함정에 빠졌던 것과 고통을 완화할 수 없는 데 대한 격분, 이 모든 것이 진실, 현실의 거친 힘에 의해 우리를 감동시킨다. 우리와 그녀 사이에는 아무것도, 공유할 수 없는 그 고통 외에는 아무것도 없다. 여자의 몸이 타오르는 마지막 장작더미 앞에서 우리는 그 생명이 공허함을, 그 죽음이 무용했음을 안다. 사의 죽음은 인간의 경험에 대한 우리의 앎을 증대시키지 못한다. 체념과 수용은 의미가 없다. 침대 위에서 죽어가는 그 젊은 여자의 분노는 모든 철학들에 필적할 만하다. 그녀의 딸과 부모의 눈물, 그들의 굴욕, 슬픔의 무게로 인해 굽은 그들의 등은 우리의 내면 가장 깊은 곳을 건드린다. 꾸며진 것이 전혀 없다는 것을 알기 때문이다. 오직 카메라의 냉정한 렌즈만이 그와 같은, 과장도 분석도 없는 감동을 전달할 수 있었다.

유네스코의 의뢰로 이란의 시네아스트 압바스 키아로스타미는 그 질병에 대해 보고하기 위해 우간다를 돌아다닌다(영화 〈ABC 아프리카〉). 그의 카메라는 도로들을 따라가며 아프리카의 눈부신 풍경들, 마을들, 과일과 채소로 넘쳐나는 시장들을 비추다가 거의 추상적인 이미지들, 자동차 앞창에 흘러내리는 비, 파리들로 뒤덮인 고기 한 토막, 광장에서 춤추고 있는 여자들의 잉크처럼 진한 그림자들에 머문다. 이어서 갑자기, 병원에서 나와서 햇빛이 짱짱한 가운데 에이즈로 죽은 아이의 몸을 자전거 보조석에 묶어 데려가는 아버지의 그 끔찍한 이미지.

우리는 여전히 정보와 마주하고 있는 것일까? 사진이 지배하는 우리의 시대를 특징짓는 정보/정보 차단에 대해서 할 말은 이미 다 나왔다. 어떤 시각적 증언에 대해서건 아무렇게나 코멘트하는 것이 가능해지고, 이미지가 종종 극한을 일상화함으로써 우리로부터 감정을 박탈하는 것이 사실이라면, 이제 우리가 어떻게 카메라가 제공하는 것을 무시할 수 있겠는가? 우리의 존재를 둘러싼 거대한 이미지들의 축적은 더 이상 정보라고 불려서는 안 된다. 그것은 이상적인 동시에 우리의 현실에 병행하는 세계의 창조로서, 그 세계 없이 우리의 현실은 더 이상 의미가 없다. 우리는 그것으로부터 최선의 것과 최악의 것을 퍼올릴 수 있다. 이제 우리가 그 거울 없이 사는 것은 더 이상 불가능하다. 우리는 그 언어의 신화소와 형태소를 아직 해독하지 못했을지 모른다. 단지 그 언어가 우리를 서로 이어주되, 그 방식은 마샬 맥루한이 다소 아이러니하게 언급했던 지구촌의 방식이라기보다 오히려 우리가 그 가능성들을 차례차례 시험해보는 일반 코드의 방식이라는 것을 안다. 이와 같은 세계적 차원의 소통은 우리의 지옥이면서 우리가 오랫동안 간직해온 형제애의 꿈이다. 거의 도래할 가능성이 없는 보다 나은 미래를 믿자는 것이 아니다. 오늘날 전 세계의 이목을 피해 길 모퉁이에서 일제 사격에 따라 아무렇게나 어린아이를 죽이거나 또는 사람들을 처단하기 위해 우리에 가두는 것이 불가능하게 되었다고 해서, 유태인 박해나 도심 속 전쟁이 멈추지는 않을 것이다. 그러나 그 범죄들을 우리의 뇌리에 각인시킴으로써 카메라는 우리를 책임자로 만들고 채무자가 되게끔 한다. 어쩌면 미래에 우리의 아이들 혹은 우리의 손자 손녀들은 그 이미지들이 보여주는 빚에 대한 최후 상환을 거부할지도 모른다. 어깨를 으쓱하고는 그만 딴 데로 눈을 돌릴지도 모른다.

사랑은

영화에서 당연하게 여겨진다. 욕망의 이야기들, 유혹의 느린 움직임, 혹은 영화의 발명품이라고 생각되는 첫눈에 반하는 사랑. 정열, 비이성, 술책, 질투, 절망, 복수. 헌신, 용기, 죽음에 이르는 사랑. 이 모든 정신적 구축물, 삶을 형성하는 그 상상의 유희로부터 영화는 자양분을 취했고 과잉이 될 정도로 자신을 가득 채웠다. 아주 빨리, 뤼미에르 형제와 토머스 에디슨에 의해 이상한 기계가 발명되자마자, 영화는 자신의 장터잔치식 이목 끌기의 역할, 재미있는 지식의 역할, 물에 젖은 물 뿌리는 사람과 '목욕하는 미녀들'의 역할에서 벗어났다.

영화에서 사랑은 여배우들의 '발명품'이었다. 주커가 1912년 엘리자베스 여왕 역을 맡을 스타 연극배우를 캐스팅하기 위해 접촉한 사람은 사라 베른하르트였다. 사라는 만인의 연인이었고, 그녀가 영화－그것이 역사영화일지라도－에 출연한다는 사실만으로도 대중의 이목과 열광을 이끌어낼 수 있었다. 릴리안 기쉬, 뮤지도라, 메리 픽포드, 그리고 아스타 닐슨과 그레타 가르보가 보여준 북구 여인들의 묘한 매력은 사랑의 의례를 구현하는 여성이라는 가상의 이미지, 스타 신화의 기원이 된다. 그와 같은 여성이 비록 무명인 경우라도 그 상징성은 여전한데, 일례로 뤼미에르 형제에 의해 영원한 생명을 부여받았고 조르주 사둘이 최초로 영화에 나온 여배우로서 인정한, 라시오타 역에 도착하는 기차를 기다리는 하얀 옷을 입은 소녀를 들 수 있다. 곧 그녀들을 보는 것이 영화관을 찾는 주 목적이 된다. 사람들은 열정, 감동 및 세상 남녀들이 삶에서 경험하고 싶은 것을 투사하기 위해, 그리고 (엘리트적 연극예술의 속성과는 반대로) 동시에 전 세계로 퍼져나가기에 더욱 놀라운 청춘과 아름다움의 영원성을 찾기 위해서 영화관에 가게 된다. 파브스트의 〈기쁨 없는 거리〉의 그레타 가르보, 찰리 채플린 영화들의 메이벨 노먼드와 에드나

퍼비언스, 또는 해롤드 로이드 옆의 베브 다니엘스, 바로 그녀들이 이 신생 예술을 성숙시키고, 완전히 변화시킨다. 이러한 변화는 그녀들이 맡은 역할－때로는 꽤 소극적인－보다는 그녀들이 대변하는 욕망과 이상적인 여성상에 의한 것이었다. 이제 감독들은 그들 자신과 관객과 여배우들 사이에 형성되는 일련의 사랑의 교류 속에서만 영화를 구상할 수 있게 된다.

사랑은 잉마르 베리만의 주된 관심사로, 평생 그에게 영감을 주었던 것 같다. 1952년 그는 자신의 가장 아름답고 가장 낭만적인 영화 중 하나인 〈모니카의 여름〉을 감독한다. 이 영화는 베리만의 〈사랑의 레슨〉, 〈산딸기〉, 〈한여름 밤의 미소〉 같은 주요 작품들의 모태가 된다. 영화는 해리와 모니카(하리에트 안데르손은 눈부시다)라는 아직 인생을 모르고, 아무 근심 없이 희망과 욕망으로 가득 찬 두 젊은이의 사랑을 이야기한다.

사랑, 그것은 그들 삶의 여름이다. 그들은 자연, 바다, 섬, 그리고 시끄럽고 혼돈스럽고 공격적인 스톡홀름이라는 일상의 평범함과 추악함으로부터 그들을 해방시키는 삶의 원시성을 발견한다. 사랑은 그들의 영화적 꿈으로서 모니카는 그 속으로 빠져든다(그들이 함께 영화관에서 〈사랑의 노래〉를 볼 때 모니카는 울지만, 좀더 현실적인 해리는 지루해하고 하품을 한다). 베리만의 시선은 우울이 섞여든 태초의 분위기 속에서 바다 풍경들, 물의 반사와 소용돌이, 모터보트가 가로지르는 길 위로 꿈꾸듯이 흐른다. 그들이 그들만의 힘으로 사회라는 기계를 멈출 수 있고 몸과 마음을 숨김없이 드러낼 수 있을 것이라고 믿을 때, 삶에 대한 사랑, 존재의 유일하고도 짧은 그 순간에 인간이 느끼는 거의 동물적인 환희를 그 정도까지 보여준 영화는 없었다.

현실로의 비루한 귀환도, 사랑의 실패도, 결혼이 선고한 보잘것없는 삶을 인내하기에는 너무 젊고 너무 가난한 모니카의 포기도, 처음의 행복감, 여름 동안 완벽하게 자유로울 수 있었던 이 두 아이의 황홀경을 일소하지는 못한다.

〈한여름 밤의 미소〉는 그와 같은 우울을 지니고 있지 않다. 아마 잉마르 베리만 영화 중에 가장 행복한 영화일 것이다. 그러나 1955년 스위스에 거주하게 된 것을 계기로 쓰기 시작한 시나리오―희곡―는 그의 삶에서 가장 암울한 순간들 중 한때와

포개지며, 당시 그는 자살의 강박에 시달리기도 했다. 저서 『마법의 등』에서 직접 이야기하고 있는 것처럼, 그가 머물던 몬테 베리타 호텔은 알프스 산맥을 마주한 채 세상과 고립되어 있다. 주변에 있는 것이라고는 주로 매독에 걸린 젊은 환자들이 요양하러 오는 일종의 호텔식 병원뿐이다. 이와 같이 죽음의 기운이 가득한 환경에서(메리 셸리의 『프랑켄슈타인』에 영감을 준 장소를 떠올리게 된다) 베리만은 해야 할 일들을 잊고 오펜바흐나 스트라우스에게 영감을 불어넣을 수도 있었을, 삶의 기쁨과 젊음으로 충만한 그 경쾌하고 독특한 시나리오를 쓴다.

우선 여름에 대해서.

베리만이 추억하는 그해 여름은 예외적으로 무척 더웠다. 그가 이야기하는 바에 의하면, 많은 장면들을 야외에서 아침 일찍 촬영했음에도 불구하고 기술 스태프들과 배우들, 그리고 베리만 자신도 금세 땀에 흠뻑 젖곤 했다는 것이다. 기온이 얼마나 높은지 영사기 램프가 타버릴 정도였다. 그와 같은 열기는 시나리오에 나와 있지는 않지만 이미지들 속으로 들어왔고, 영화의 리듬 자체에 무엇인가를 배가시켜준다. 밤보다 더 길게 지속되는 깨어 있는 시간들의 동반자인 스칸디나

비아의 여름, 그 여름의 빛이 지니는 눈부심이 바로 정념을 드러내고 욕망들을 과장하며 자유의 본능을 잉태시킨다. 베리만의 몇몇 영화들(〈모니카의 여름〉, 〈여름에 일어난 일〉, 〈산딸기〉)에서 맨 먼저 주목하게 되는 것은 그 빛이며, 그 빛은 이미지들에 일차적 의미를 부여한다. 그것은 길거리에서 눈부시게 쏟아지고, 변호사인 프레데릭 에게르만의 집 안을 비추고, 아름펠트 백작부인의 정원에서, 주변 들판에서 빛난다. 그 빛은 일종의 느림, 관능적인 게으름으로써 장면들을 하나로 묶는다. 프레데릭의 아내 안Anne은 잠자는 미녀이고, 그녀는 마치 유년기에서 벗어나고 싶지 않은 것처럼 유치하고 변덕스러운 꿈속으로 피신한다. 우리는 프레데릭의 입을 통해 그녀가 결혼한 지 2년이 지났는데도 여전히 처녀임을 알게 된다. 그녀의 삶이 뒤바뀌는 것은 여름이 오면서부터이다.

〈한여름 밤의 미소〉의 주된 주제는 각성, 육체적 쾌락의 발견, 사랑의 탄생이다. 베리만에게 있어서 빛의 요소, 그 몽환적 느림에는 존재 이유가 있다. 그것은 그의 작품이 지니는 의미와 연관된다. 그리고 아마 그런 연유에서 이 영화는 가끔 시네필 평단으로부터 평가절하되었고, 감독의 이력에서 보기 드믄 코미디 영화 중 하나로서, 예외적인 작품으로 취급되었다(베리만 자신도 이 영화에 많은 돈이 들어갔으며, 돈을 많이 들인 만큼 더 많은 수익을 낼 것으로 기대했었다고 강조함으로써 그와 같은 비판에 빈정거림을 추가했다).

그런데 그 길게 늘어지는 시간(〈한여름 밤의 미소〉와 대부분의 베리만 영화들을 보면서 시간이 얼마나 되었는지 종종 의문을 품게 된다), 그 길이, 그 완만함이 바로 우리로 하여금 조금씩 주인공들이 욕망과 행복을 찾아가는 과정에 동참하도록 한다. 이와 같은 영원한 시간이 비극의 기초를 이루고, 죽음의 존재—헨릭의 자살 시도, 말콤 백작이 에게르만에게 제안하는 러시안 룰렛 게임—를 상기시키고, 특히 안이 자신에게 사랑의 기쁨을 처음 안겨준 청년과 애정의 도피를 하기 위해 결국 남편을 떠날 때는 최종적인 배신을 알린다. 이와 같은 자연과 빛의 존재가 바로 인간들의 행위를 베리만이 말하는 유일한 확실성, 즉 삶의 연약함에 대한 강박과 연결시킨다. 그가 지닌 스웨덴보리파의 흔적, 그의 종교적 유산과 연결시키는 것이다.

〈한여름 밤의 미소〉가 다른 베리만 영화들과 크게 다른 점은 톤의 경쾌함, 일종의 무사태평, 행복에 대한 욕구, 청춘, 빈정거림의 분위기이다. 베리만의 모든 영화는 연극 작품이고, 이 영화의 경우에는 더욱 그러하다. 〈한여름 밤의 미소〉는 마리보다주marivaudage, 즉 재치와 웃음, 풍자의 단어들이 만들어내는 불꽃놀이이다. 열리고 닫히는 문들의 유희, 오해, 익살극의 상황들이 연속되고 더해짐으로써 부조리로까지 치닫는다. 과거 스웨덴 국왕이 자신이 탐하던 여인을 밤에 몰래 방으로 불러들이기 위해 만들어놓은 이중 칸막이(방 벽에 붙은 동그란 손잡이를 누르면 한쪽 벽이 열리고 큐피드의 나팔소리가 울리면서 여인이 자고 있던 옆방의 침대가 움직여 들어온다), 질투의 게임, 거짓말, 밀담. 프레데릭은 안을 사랑하지만 결혼 후 그녀와 잠자리를 갖지 않는다. 말콤은 데지레를 사랑하지만 그녀는 과거 연인인 프레데릭을 더 좋아한다. 샬롯은 바람피우는데도 불구하고 남편 말콤을 사랑하고, 그의 질투심을 유발하기 위해 프레데릭을 유혹하는 데 내기를 건다. 순수한 안은 남편의 아들인 헨릭을 사랑한다. 그리고 영원한 소년 헨릭은 그의 아버지의 말에 따르면 "자기 자신을 사랑하고, 사랑을 사랑한다."

실수로 가득 찬 코미디, 익살. 겉으로 보기에 베리만의 시나리오는 연극—뮈세나 마리보의 연극보다는 보드빌—을 연상시킨다. 이 가볍고 잔인한 코미디 속에서 발생하는 효과들은 무엇보다도 통속적이다. 선잠이 든 프레데릭은 아내를 껴안으면서 옛 정부의 이름을 중얼거린다. 페트라는 고전적인 하녀상으로서, 열일곱 살임에도 불구하고 영악한데다 사회적 신분 상승을 위해서라면 무슨 일이든 할 준비가 되어 있다. 프레데릭은 무엇보다 자기에게 과분하게 젊은 여자와 결혼한 늙은이이다. 그가 집 안의 홀로 들어서자 머리 뒤로 박제된 수사슴의 멋진 뿔이 겹쳐진다. 그가 아들에게 말할 때면 매번 뻐꾸기 소리가 울려 퍼진다. '기병대' 장교인 말콤은 실제로 여자들에게도 군인식으로 거칠게 말하고, 그가 프레데릭을 데지레의 집에서 쫓아냈을 때 프레데릭은 잠옷 윗도리와 나이트캡(이 모자는 데지레의 입으로부터 "당신 정말이지 너무 인간적이에요!"라는 유명한 대사를 이끌어낸다)만 걸친 채 길거리를 걸어야 한다. 마지막 장면은 통속극의 절정을 보여준다. 아버지의 어린 아내에 대한 불가능한 사랑으로 절망한 헨릭은 목매달아 자살하려고 한다. 그러나 밧줄이 풀어지면서 그는 그 유명한 왕의 이중 칸막이 장치 위로 쓰러지고, 결국 자신이 앓고 있는 모든 병에 대한 치료약으로서 안Anne이 잠들어 있는 침대를 선사받는다. 큐피드의 나팔은 연인들을 행복으로 이끌고, 늙은 남편은 고독 속에 남겨지는데, 그 고독은 이미 예견되는 바와 같이, 아름다운 데지레의 위로를 받게 된다. 베리만의 영화는 시작과 마찬가지로 끝도 마치 문체를 연습하

듯이 코미디의 잔인한 경쾌함으로 장식된다. 그리고 고상한 평론가들의 냉담에도 불구하고, 그해(1955년) 칸 영화제 심사위원단은 올바른 결정을 내렸고, 〈한여름 밤의 미소〉로 베리만에게 시적 유머상을 수여했다.

그리고 그 외에 남은 모든 것, 그저 암시만 될 뿐 시나리오에는 나오지 않으며, 이 영화를 베리만의 다른 작품들과 결합시켜주는 그 모든 것이 있다. 흐르는 시간에 대한 그의 강박, 어린 시절의 마법 같은 세상에 대해 그가 품고 있는 극도의 향수. 베리만이 여기에서 상세히 이야기하는 것은 여전히 동일한 꿈, 그 바닷가 저택—어렸을 때 항상 여름방학을 보냈으며, 아침부터 저녁까지 갖가지 놀이와 어린 소녀들의 웃음소리로 가득 차던 여름별장 '바롬(곰)'—이다. 『마법의 등』에서 베리만은 리네아의 멋지고도 비극적인 이야기를 하고 있다. 그녀는 베리만이 남몰래 사랑했던 예쁘장한 하녀로, 임신한 후 연인과 함께 도망쳤다가 자살했다. 그 육체적 쾌락의 발견, 그 허망한 자유는 평생 그를 떠나지 않았다. 그것은 소년을 삶에 눈뜨게 한 씁쓸한 꿈이었다. 〈산딸기〉에서 이기적이고 허영심으로 가득 찬 삶의 끝자락에서 이삭 보르그는 길을 가다가 동일한 빈 집과 마주치는데, 그곳에는 여전히 떠들썩한 목소리들과 청소년기의 멜로디들이 울려 퍼지고 있고, 아침식사는(아름펠트 백작부인 집의 거창한 오찬도 마찬가지이다) 축제이자 말들의 경연장이고, 연극이자 사실이며, 절대 지워져서는 안 되는 행복의 순간들이다. 그리고 죽음의 공허로부터 인간을 구원하는 것은 이와 같은 기억이다.

베리만의 이 영화, 아니 베리만의 모든 영화는 인간들의 젊음, 생각의 젊음, 예술의 젊음 등, 젊음의 황금기에 대한 사랑 고백이다. 가벼움의 절정에서도 키에르케고르와 니체에 대한 은밀한 참조를 엿볼 수 있다. 베리만이 여기서 훌륭하게 보여주는 것은 한 시기—특히 1차대전 직전에 스웨덴 귀족이 종말을 맞던 시기—의 문명이 누렸던 찬란함이다. 주인과 하인이 아직 그들의 자리를 지키고, 부르주아지가 아직 군인들의 거만함을 감히 조롱할 수 있고, 정념에 대한 은밀한 공모가 지고의 도덕을 대신하는, 예의 바르고 우아한 세계. 연극과 오페라가 예술의 가장 세련된 형태이고, 재치가 악의보다 우위에 서고, 약간 구식이지만 겉보기와는 달리 자신의 매력을 보존하고 있는 선별된 언어로 여전히 격정의 토로가 표현되는 세계. 아무것도 정말 진지한 것은 없는, 사랑 외에는 정말 아무것도 중요하지 않은 세계. 여자들이 남자들 자신보다 그들이 원하는 것을 더 잘 알고 있고, 목적을 이루기 위해 본능적으로 습득한 유혹의 무기인 음악, 정신의 유희, 거울들의 반사를 이용하는 세계.

사라져가는 시간, 코앞에 이른 노년의 강박에, 젊음의 초조함, 성급함이 대립된다. 어른들로 하여금 늘 소유하도록 부추기는 탐욕(프레데릭 에게르만은 안Anne을 소유하고 있고, 샬롯은 말콤을 소유하고 있고, 에게르만 자신은 데지레의 과거를 소유하기를 원하고 아이에 대한 권리를 갖길 원한다)에 헨릭과 안의 진실과 육체적 욕망이 대립된다. 젊음의 힘은 돈 주앙을 영원히 무장해제시키는데, 거기에 발몽의 위험한 강박과 공통되는 것은 없다. 고의로 코미디의 틀에 머물면서, 베리만은 셰익스피어, 몰리에르 혹은 입센 같이 그가 사랑하는 연극의 의미를 되찾는다. 베리만의 대부분 영화에서 옳은 것은 여성들이며, 이는 전통사회 속 상황이 그녀들로 하여금 남성들보다 똑똑해지기를 요구하기 때문이다. 그의 모델은 예술가, 자신의 몸과 마음으로부터 자유로운 데지레 아름펠트로서, 베리만은 그녀에게서 이상적인 여성을 보며, 그 이상적인 여성은 그가 부인 군나르에게서 발견하는 것이자 다음과 같이 표현되는 것이다. “아름답고, 키가 크고, 건장하며, 짙은 푸른색 눈과, 크게 소리내어 웃는 웃음, 아름다운 도톰한 입술을 가진 최고의 여성, 자존심과 순결함과 전적으로 여성적인 힘을 보여주는 열려 있는 여성.” 배우 데지레나 〈여름에 일어난 일〉의 발레리나 마리 같이 단호히 자유로운 여성들은 항상 이성을 잃지 말아야 한다. 그것을 데지레 아름펠트는 옛 연인 프레데릭 에게르만과 함께 걸으면서 — 스웨덴의 후덥지근한 여름 밤, 보리수 밑의 기나긴 트래블링 속에서 — 노래한다. “사랑은 세상을 사는 지혜랍니다.”

〈가정과 세상〉,

사트야지트 레이의 이 영화는 무엇보다도 시네아스트 자신이 연기 지도를 한 여배우들에 대해 품는 사랑의 증거이다. 베리만과 더불어 레이는 아마도 자기 배우들, 특히 여배우들에게 가장 충실한 감독일 것이다. 양자의 차이라면 그는 여배우들과 결혼하지 않는다는 것! 그는 그들의 역할과 그들의 실제 삶을 동일화한다. 말하자면 그들을 가공하고 주조해낸다. 벵갈에 사는 어린 소년의 삶에 관한 삼부작

중 마지막 작품인 〈아푸의 세상〉은 인도 영화사상 가장 에로틱한(그래도 여전히 매우 정숙한) 장면 중 하나를 보여준다. 인도 전통에 따라 아푸(수미트라 샤테르지 분)는 아주 어린 소녀, 아직 어린아이인 아파르나와 결혼한다. 첫날밤에 대해 영화는 아무것도 보여주지 않지만, 다음날 아침 방에 혼자 남은 아푸는 어린 아내가 머리를 풀면서 베개에 떨어뜨린 머리핀을 발견하고는 감동하여, 그것을 손에 쥔 채 자신의 행복에 대해 생각한다. 아파르나 역은 샤르밀라 타고르가 맡았다. 이 영화가 그녀의 데뷔작이었는데, 촬영 당시 그녀는 고작 열네 살이었다! 샤르밀라 타고르는 이후 사트야지트 레이의 수많은 영화에 출연하게 된다. 그러나 그녀가 사랑에 대한 사트야지트 레이의 생각, 즉 불완전하고 깨지기 쉬운 감정인 동시에 인간 존재에 현실을 부여하고 그것이 꽃피도록 할 수 있는 유일한 것이라는 그의 생각을 구현하는 것은 바로 이 첫 영화, 어린아이-여자라는 그 모호한 역할에서이다.

라빈드라나트 타고르의 단편에서 영감을 얻은 〈가정과 세상〉의 러브스토리는 연극의 삼각관계 구도를 취한다. 남편 니킬, 부인 비말라, 애인 산딥이 등장하고, 네 번째 인물로서 독립 전야의 인도가 나온다. 니킬은 구시대의 귀족층에 속하는데, 귀족층은 영국의 존재에 익숙해졌을 뿐 아니라 평등과 자유의 원칙을 자신의 신조로 삼음으로써 식민 체제에 동화되고, 자신이 가진 고유의 문화적 전통들을 부인하기에까지 이른다. 가문 간의 약조로 니킬과 결혼한 비말라는 할렘에 갇혀 있다. 자신이 사랑하는 여자의 미모와 지성을 세상에 보여주기 위해 그녀를 해방시키고자 하는 것은 그녀의 남편이다. 비말라는 전통 의상을 벗고 가정교사로부터 영어를 배우고 애조 띤 단가短歌를 부르는데, 그 후렴구("내가 예전에 부르던 노래The song I used to sing")는 여기서 새로운 의미를 갖게 된다.

할렘의 창문 격자를 통해 비말라는 남편이 어린 시절 친구이자 야심차고 정열적이며 대중을 선동하여 영국에 대한 반란을 도모하는 산딥과 만나는 것을 지켜본다. 니킬은 그들의 첫 만남을 주선하고, 차츰 비말라는 산딥의 언변과 인도를 위하는 그의 열정에 끌린다. 비말라는 난생처음 정열의 감정을 느끼게 되고, 그 감정에 이끌려 예의범절 따윈 팽개친 채 산딥이 조직한 혁명에 가담한다. 이 새로운 자유에 의해, 산딥의 야심과 거짓말로 인해, 부부 사이에 금이 가고, 바깥에서는 공동체 사이에서 거세게 일어난 폭력이 식민지 인도의 허망한 조화를 깨부순다. 이와 같은 사랑, 배신, 정치라는 고전적 도식—비스콘티의 〈센소senso〉의 도식이기도 하다—위에 사트야지트 레이는 부부의 사랑에 대한 찬가를 세웠다. 일종의 혼례 춤에서처럼 느리게 다가가는 카메라는 니킬의 시선을 대체하고 비말라를 찬미한다. 그녀는 차례대로, 사리와 보석으로 꾸민 인형, 쾌활하고 생기 있고 욕망을 불러일으키는 현대 여성, 거리의 소문을 듣기 위해, 또는 군중에게 설교 중인 산딥의 얼굴을 훔쳐보기 위해 격자창 뒤에 숨는 순종적인 아내의 모습을 보인다.

〈가정과 세상〉은 경탄할 만한 시퀀스 하나로 현대 영화 걸작 컬렉션의 길지 않은 목록에 진입한다. 점점 가속화되는, 매우 길고도 느린 뒤로 빠지는 움직임 속에서, 우리는 비말라와 니킬이 할렘을 남자와 세상으로부터 분리시키는 통로를 따라 걷는 모습을 지켜본다. 그녀는 아주 똑바로, 고개를 쳐든 채, 자신의 자유를 향해, 자신의 새로운 삶을 향해, 그리고 아직 모르고 있지만 그들의 삶을 영원히 바꿔놓을 비극을 향해 나아간다. 비말라는 앞을 향해 걷고, 채색유리들 앞을 지나는데, 그때 반사로 인해 그녀의 얼굴과 몸이 밝게 빛난다. 그녀는 붉은 사리를 입고 있고, 외부의 빛은 이제 그녀를 관통하는 모순적인 감정들이 표정에 드러나도록 한다. 미지에 대한 공포, 대담함, 소문으로만 알고 있는 그 바깥세상에 대한 거의 어린애 같은 호기심. 긍지, 확신. 젊음. 그녀의 걸음은 낡은 세계를 버리고 새로운 존엄성을 찾아야 하는 인도 전체의 걸음이다. 그러나 이 시퀀스가 하나의 상징이라고 말하는 것은 아무 의미도 없을 것이다. 비말라의 움직임 속에 표현되는 것은 그녀에 대한 니킬의(사트야지트 레이의) 사랑, 눈멀고 돌이킬 수 없는 완전한 사랑이다. 그 행진 속에 사트야지트 레이의 작품 전체가 집약된다. 어떤 대사도 없이, 유일하게 들리는 것이라고는 시타르 소리뿐인데, 그 리듬은 흡사 심장 박동처럼 점점 빨라진다.

사트야지트 레이는 대부분의 영화에서 굉장히 절제된 연출을 보인다. 욕망, 열정, 두려움—비말라가 당을 위한 지원금을 내놓기를 주저하자 장애물 앞에서 산딥의 얼굴을 스쳐 지나가는 분노의 구름—, 모든 것이 의식의 통제 하에 있다. 산딥과 비말라 사이에 싹트는 사랑은 말이나 행위보다는 시선에 의해 표현되고, 산딥이 그들 만남의 증표를 간직하고자 할 때 선택하는 것은 비말라의 머리카락을 헝클어뜨리고 그녀로 하여금 욕망에 몸을 맡기도록 한 예의 그 머리핀이다.

사랑의 이유들은 잔인하다. 남자들은 부조리할 정도로 비말라의 사랑을 하나의 목표로 삼는다. 그 사랑은 달성되지 못한다. 산딥의 무의식과 권력에 대한 취향은 그가 더 나은 세상을 구상하는 데 도움이 되지 못한다. 그는 자신의 계획을 실현하기 위해서라면 그 도정에서 마주치는 모든 사람들, 친구 니킬과 심지어 비말라까지도 주저없이 희생시킨다. 니킬의 경우, 그의 사랑은 부부생활이 깨지는 것을 막을 만큼 충분하지 못하며, 그의 각성된 휴머니즘은 바깥에서 기세를 떨치는 힌두교도들과 이슬람교도들 간의 폭력을 멈추게 할 수 없다.

할렘에서 나온 비말라의 긴 행진은 유일한 사랑의 표현, 사트야지트 레이가 비말라라는 인물을 통해 인도 여인과 그녀의 자유, 아름다움, 용기에 표하는 경애와 찬미이다. 라가의 빠른 음악을 배경으로 한 그 승리에 찬 위험한 행진, 흡사 춤이라고도 할 수 있을 그 행진은, 독립 무렵 벵갈에서 여성이 처한 조건, 그녀 자신이 전통적인 금기들을 깨뜨리기 위해 극복해야 할 난관들, 새로운 자유의 추구와 완전한 사랑에 대한 희망에 있어서 한 남자의 이기주의와 허영에 찬 야심과 마주치면서 그녀가 겪게 될 실망들에 대한 상징이다.

〈정사〉는

가장 아름답고도 가장 이상한 러브스토리 중 하나로, 미켈란젤로 안토니오니의 1960년 작품이다. 아름답고 이상하다는 것은 그 이야기가 단지 한 남자와 한 여자 사이의 열정적인 사랑뿐 아니라 그들을 둘러싼 현실인 범죄를 다루기 때문이고, 1960년대의 서유럽 사회, 더 이상 전쟁과 관련이 없고, 무위적이고 부르주아적이며, 부조리하고 잔인해져버린 사회에 대해 말하고 있기 때문이다.

에올리엔 섬에서 배를 타고 유람하는 동안 안나가 묘연히 사라진다. 이 영화에는 오해도, 쾅 닫히는 문들도, 거울놀이도, 재치 게임도 없다. 혁명도, 어떤 이상도 없고, 우수에 찬 환멸감, 일종의 세기말 증상(펠리니, 〈베니스에서의 죽음〉의 비스콘티, 베르톨루치 등 대부분의 이탈리아 시네아스트들에게서 발견되는 그 식욕감퇴증)이 있을 뿐이다.

자연이 있다. 거칠고 적대적이고 어디에나 존재하는 자연. 소나기가 쏟아질 것 같은 하늘, 풍랑이 몰아치는 바다, 검은 바위, 그리고 이런 요소들이 만들어내는 어떤 낭만주의. 존 휴스턴의 〈키 라르고〉에서 주인공들을 짓누르는 음험한 위협을 연상시킨다.

당시 영화는 사회적 위기로부터 막 벗어난 참이었다. 전쟁, 파시즘, 세대간 마찰, 전후 파업, 패배와 나치 독일 점령기를 겪은 이들의 죄의식 등 참여적인 리얼리즘에 자양분이 된 이 모든 병적인 상황은 더 이상 존재 이유가 없어진다. 안토니오니는 그 다음 세대에 속한다. 데시카, 비스콘티, 로셀리니가 고전주의자이고 펠리니가 위대한 바로크주의자라면, 그는 현대적인 시네아스트이다.

우리가 곧 알게 되듯이, 안나의 행방불명은 영화의 소재가 아니다. 미스터리에 대한 어떤 설명도, 어떤 해결도 제공되지 않는다. 그런데도 안나는 영화 내내 존재하고, 바로 그 점이 이야기에 이상함을 부여한다.

행방불명의 이상함도 있지만 그녀의 연인 산드로와 그녀의 친구 클라우디아 사이의 관계가 지닌 이상함도 있다. 안토니오니가 말 그대로 빚어낸 모니카 비티의 얼굴의 이상함, 그녀의 느리고 어색한 연기, 그녀에게서 풍기는 지나치게 단순한, 갈 길을 모르고 헤매는 듯한 소녀의 느낌. 약간 옆으로 기운 사시 같은 그녀의 시선의 이상함, 세상에서 소외된 그녀의 영혼의 이상함.

장소도 이상하다. 헐벗고 거친 섬, 바다가 밀려가 부딪히는 용암의 혼돈, 그곳의 균열진 땅에서 다른 시대의 도자기 조각들이 발견되고, 과거의 불길한 존재감이 느껴진다. 소녀들을 게걸스럽게 삼키는 미노타우로스, 혹은 단순히 밀수업자들의 피난처 같은 느낌이랄까.

섬은 처음에만 나온다. 그것은 부조리한 배경으로서, 유령같이 활기를 잃은 산책자들은 〈달콤한 인생〉에 나오는, 밤새도록 향락을 즐기느라 피곤에 절은 인물들, 광활한 해변의 모래 속에서 우연히 그들을 닮은 공허한 눈의 물고기를 발견하는 그 인물들과 닮았다.

안나와 마찬가지로 섬도 다시 볼 수 없게 된다. 그러나 섬의 원시적인 거칠음, 산책자들이 피신한 오두막을 둘러싼 태풍의 한기, 특히 바다, 과거에 셸리의 목숨을 앗아간 그 어두운 지중해, 그 하늘, 그 바람은 클라우디아와 산드로의 마음속으로 들어갔고, 바로 그것들이 둘 사이의 사랑의 조건들을 규정한다. 클라우디아에 대한 산드로의 욕망과 그들 사이에 커져가는 열정은 처음에는 오직 사라진 이가 남긴 빈 자리를 채우고 섬의 추위에 맞서 싸우기 위해서 생겨난 것이다.

산드로에게 유혹은 무엇보다도 하나의 유희—돈 주앙의 현기증, 스스로를 안심시킬 필요, 그의 지배욕—이다. 반면 현실적인 클라우디아에게 유혹은 고독에 대한 두려움이다.

클라우디아가 거리에서 산드로를 기다리고 있는데, 자신이 그에게 몸을 맡기고 싶은지조차 확신하지 못한다. 그때 클라우디아가 햇빛 속에서 천천히 걷는 그 강렬한 장면이 시작된다. 그녀의 미모에 끌린 남자들이 물결처럼 그녀에게로 밀려오는데, 성적 욕망이 동한 관음증자, 포식자인 그들은 그녀를 만질 듯 스쳐 지나고, 그녀를 들이마시고, 그녀를 쳐다본다. 그로테스크하고도 비극적인 이 퍼레이드 속에 남녀 간의 모든 거친 허위, 절대적 사랑에 대한 흔들리는 희망, 상상의 희망에만 자리를 내주는 근본적인 고독이 표현된다. 잠시 후 다른 장면에서, 클라우디아는 산드로가 샤워하는 동안 바닥에 누워 오래된 옷가지 속에 얼굴을 파묻고, 그가 심심풀이를 삼을 만한 여자들을 찾으러 나간 후에는 혼자 호텔방에 남아 사랑하는 남자의 내음을 찾는다.

안토니오니의 〈정사〉에 영감을 준 알베르토 모라비아의 소설 『권태』와 비교해보면, 영화는 확고하게 사실적이다. 다시 말해 오히려 낙천적이다. 남녀 간의 소통 불가능성은 하나의 전제, 본질적인 원칙이다. 그것은 불의, 잔인함, 이기주의와 동일한 명목으로 존재한다. 안토니오니의 세계는 어른들의 세계만을 취급한다. 그것은 파솔리니의 기쁨에 가득 찬 이교적 세계와는 매우 동떨어진, 사르트르적인 세계이다.

이미지가 그것을 표현한다. 계산된 구성, 흑백의 유희(이듬해의 〈일식〉은 안토니오니의 마지막 흑백영화가 되며, 이어서 1964년에 〈붉은 사막〉이 나온다), 피터 본델라Peter Bondella가 말한 '점점 더 추상적인 스타일'이 자리한다. 프레이밍, 상징적인 사물들—전화, 기차—, 그리고 미학이 혁명의 정치적 메시지를 대체함으로써, 우리로 하여금 인간의 시대, 탐구의 수단보다는 행복의 레서피로서 구상된 영화로 진입하게끔 한다.

〈정사〉의 이미지들에 스며 있는 참을 수 없을 지경에까지 이르는 고독은 우리에게 희열의 떨림 또한 제공한다. 남자의 바람기, 그의 허약함, 그의 허영심에는 소유에 대한 욕구, 여자의 행복에 대한 환상이 수반된다. 살아갈 수 있는 것은, 결국 모든 결산을 해봤을 때, 바로 그와 같은 사실을 확인함으로써이다.

정사, 그것은 단지 정념만은 아니다. 그것은 바다, 야생의 땅, 자연력 등, 있는 그대로 인간들을 둘러싼 세상이다. 그리고 도시들, 도로들, 공장들의 초현실적인 아름다움에 이르기까지, 인간들이 만들어낸 대로 그들을 둘러싼 세상이다. 그런 연유로 우리는 오늘날에도 여전히 안토니오니를 필요로 한다. 그는 인간이 약점도 있지만 그보다 훨씬 큰 가치를 지닌다는 것을 증명해준다. 그들이 발명한 사랑, 말보다는 제스처와 시선으로 이루어진 영화 속 무언의 그 사랑은 초월에 대한 우리의 기대이다.

〈옛날 옛적, 영화〉는

모호센 마흐말바프의 코미디 어법을 따른 영화(원 제목은 〈Nassereddin Shah, Acotr-e Cinéma〉)로서, 테헤란에 처음으로 카메라가 도착하던 때, 고양이들이 버글거리는(말장난이 아니다) 한 왕궁에서 벌어진 일들에 대한 자료 이미지들과 작가의 코멘트를 몽타주해서 만든 것이다. 폭군의 변덕을 충족시키기 위해 들여온 일종의 장난감으로서, 궁궐에 안착하기까지 테헤란의 북적대는 온갖 길들을 다 돌아다니는 이 카메라는 현대적 모험의 시작이자 보편의식의 출발이다. 카메라 안과 주변은 클리셰들로 넘쳐난다. 꼬마 신사 찰리의 축 늘어진 실루엣, 여배우들의 얼굴, 일곱 개 베일의 에로틱한 춤 장면들이 수없이 반복된다. 그리고 이 모든 것의 한가운데, 황홀경으로 빛나는 얼굴을 하고 자신의 원무를 계속하는 나심Nassim, 자전거를 타고 원을 그리는 〈자전거 타는 남자〉의 주인공이 있다.

영화예술의 휴머니티는 혁명가革命歌나, 영원하고 완벽한 사랑의 약속 안에 있는 것이 아니다. 그것은 오히려 사상과 이미지들의 혼돈 속에, 그 모든 소문, 도처에서 흘러나와 과거와 현재, 진실인 것과 실현될 수 없는 것, 우스움, 가벼움, 잔인함을 뒤섞으면서 우리를 거쳐가는 그 흐름 속에 있다.

브루노 뒤몽의 영화 〈휴머니티〉는 무겁고 육체적이다. 느림, 경악스러움. 파라옹 드윈테르와 도미노. 북부의 차가운 풍경, 지나치게 넓은 하늘, 갈색 땅. 조용한 마을거리, 일렬로 늘어선 노동자들의 집, 창백한 햇볕을 쬐는 소녀. 끔찍한 범죄가 벌어지는 비좁은 구역, 강간당하고 죽은 여자아이, 막 경작한 땅 옆 길가에 버려진 벌거벗은 그녀의 몸, 피가 딱딱하게 엉긴 상처 입은 그녀의 성기. 지평선을 관통하는 기차. 거친 제스처들, 언어의 부재. 쿠르베의 〈세상의 기원〉이 확인해주는 것과 마찬가지의 사실, 즉 여성의 성기를 클로즈업한 사진으로부터 인간 종족, 아마도 가족에의 소속감이 생길 수 있다는 그 사실. 도미노의 힘과 이성. 도미노 역을 맡은 세브린 카닐의 아름다움에 대해서도 언급해야 할 것이다. 어린애 같은 얼굴에 성숙한 여자의 몸을 가진 그녀 속에는 마치 상아로 조각된 아주 오래된 인간 형상에서 보는 것과 같은 자연적이고 날것스러운 무언가가 있다. 여배우의 연기가 자신이 구현하는 인물의 삶과 그토록 긴밀히 연결된 것 같은 경우가 얼마나 흔치 않은 일인지도 언급해야 할 것이다. 마찬가지로 뒤몽이 우리로 하여금 파라옹 드윈테르로 분한 엠마누엘 쇼테의 놀란 시선 속에서 무엇을 읽게 하는지에 대해서도 언급해야 할 것이다. 잠시 그들의 삶, 그들 자신의 일상에서 벗어나 영원의 옷을 걸치는 비전문 배우들이 아니라면 우리는 그 정도로 근접성이나 연관성을 강하게 느끼지는 않을 것이다. 뒤몽은 비전문 배우가 영화에 가져다주는 것, 즉 잘 예측되지 않고 허영이 없는 완전히 벌거벗은 날것의 느낌에 대해 이야기한다. 로베르 브레송이 추구하던 것의 예—배역이 아니라 모델들—는 미술에서 발견할 수 있을 것이다. 도메니코 베네치아노가 그린 익명의 여인의 영화 버전, 반 고흐의 그림들 속에 나타나는 가셰 박사의 얼굴을 찌그러뜨리는 일종의 뒤틀기, 또는 잔

에뷔테른이 창문으로 몸을 던져 죽기 전 모딜리아니가 그린 초상화 속 그녀의 꿰뚫는 듯하고 투명한 시선.

휴머니티, 우리는 그것을 이미지들한테 요구한다. 우리는 얼굴들, 몸들에 목말라 있다. 구로자와의 〈데르수 우잘라〉에는 휜 다리에 세상 풍파에 시달린 넓적한 얼굴의 키 작은 사내가 등장한다. 그는 땅의 다른 편에서부터, 유령(러시아인 아르세니에프가 처음으로 거대한 시베리아 지도를 만들던 때인 세기 초의 모험을 구현하는)으로서가 아니라 닥쳐올 시간의 예언자로서 도착한 듯한 느낌을 준다. 여기저기 눈이 쌓여 있는 평평하고 푸르스름한 땅에서, 데르수 우잘라는 불, 우정, 샤만의 마술을 제공한다. 태양이 사라지고 황혼이 일종의 태곳적 불안으로 초원에 드리울 무렵 데르수 우잘라가 밤에 쉴 거처를 만들기 위해 갈대를 한 아름씩 자르는 장면은 이 영화에서 가장 아름다운 장면들 중 하나이다.

휴머니티, 그것은 사람들이 처벌되기 전 그들의 목에서 파라옹 드윈테르가 들이마시는 냄새이다. 공포의 냄새, 범죄의 냄새, 동포애의 냄새. 영화 외에 어떤 예술도 그와 같이 현실과 연극, 배우와 살아 있는 인간을 결합시킬 수는 없다. 어떻게 굴러갈지도 모르고 끝을 예측할 수도 없는 이와 같은 재연에 몸을 던짐으로써, 감독은 주는 동시에 받고, 이미 알고 있다고 믿는 것을 창조하고, 비틀거리고, 주저하고, 바라본다. 칸 영화제 무대 뒤 인터뷰에서 장-뤽 고다르는 이미지들을 훔치는 그 '핸드헬드 카메라'에 대해 언급하는데, 그에 따르면 카메라는 오히려 받아들이기 위해 만들어진 것이다. 〈북극의 나누크〉에서 플래허티는 그린랜드 탐험을 실제 그대로 재구성한다. 그는 나누크에게 잠복사냥, 태풍에 대비하는 피난처 구축, 잔치, 주술 등 그의 삶의 큰 사건들을 다시 살도록 한다. 육중하고, 전근대적이고, 세상만큼이나 나이 든 실루엣의 나누크가 눈 속을 걷는 것을 본다. 그리고 몇 년 후 그러한 현실 속에서 자기 개들을 모조리 죽인 후, 그와 그의 가족 전부가 굶어 죽었다는 사실을 떠올리지 않을 수 없다.

시간이 많이 흘렀음에도 불구하고, 할리우드의 그 많은 영화들에도 불구하고, 영화에 대해 알려진 모든 것, 배우들, 돈, 가식, 거드름에도 불구하고, 오늘날 여전히 우리를 뒤흔드는 것은 그와 같은 휴머니티이다. 더 이상 현실 속에 있지 않지만 아직 완전히 가상 속에 있지는 않은 그 순간. 남녀 배우들—세브린 카닐, 엠마누엘 쇼테, 안 비아젬스키—이 더 이상 그들 자신이 아니되 아직 인물이 되지는 않은 채 변신의 경계에 위치한 그 순간.

감독이라면 누구나 이 묘한 순간에 다가간 적이 있다. 그것은 아마도 그들이 그 혼미함 속에서, 자신에게 늘 제기되는 정당성의 문제에 대한 해답을 발견하기 때문인지도 모른다. 연기하는 자는 글쓰는 자인가? 글쓰는 자는 그가 요구하는 것의 주인인가? 로베르 브레송은 이것 외에 다른 문제를 제기한 적이 없다. 인간 본성의 문제이기 때문이다. 〈당나귀 발타자르〉에서 휴머니티는 끊임없이 빠져나가고, 의심의 대상이 되고, (당연히 도덕만큼이나) 동요한다. 마리는 좀처럼 사람들이 그녀에게서 기대하는 모습이 되지 않는다. 그녀는 남들이 그녀가 있었으면 하는 곳에 결코 있는 법이 없다. 그녀에게 확실한 것은 오직 들판을 배회하는 폭력뿐이다. 악에는 이유가 없고, 주인이 매번 바뀌는 당나귀 발타자르가 맞는 매에는 어떤 정당화도 없다. 〈소매치기〉에서 주머니를 터는 것은 마르탱 라살의 손이고, 반복되는 불가항력의 그 단순한 제스처는 그 무엇도 채울 수 없는 혼미함을 깊게 파 들어간다. 〈호수의 랜

슬롯〉에서 갑옷을 입은 기사는 적들을 치고, 기네비어의 사랑을 쟁취하고, 자신의 죄를 씻는다고 믿는다. 그러나 우리가 보는 것은 더럽혀지고 짓밟힌 땅, 육신이 넘어져 쓰러지는 일상의 땅, 갑옷이 맞부닥쳐서 시끄러운 소리를 내는 가운데 말발굽들이 치고 달리는 땅이다. 당나귀 발타자르의 다리 사이에 있는 땅이기도 한데, 그 짐승에게 있어 삶의 시간이란 태어나서 죽을 때까지 그가 걸어다닌 길, 헛되이 건넌 수십 에이커의 땅, 편자로 경작된 그 밭들 외에 다른 어떤 것도 아니기 때문이다. 브레송이 우리에게 가르쳐주는 것은, 진실이란 우리가 보는 것 외에 그 무엇도 아니라는 것, 진실은 전적으로 우리가 보는 것 속에 있다는 사실이다. 안 비아젬스키의 얼굴 표정에, 그녀의 보조개가 만들어내는 부드러운 형태에, 그녀 눈의 모양에, 그녀 입의 광채에, 순수하고 관능적인 그녀의 등이 만들어내는 선 속에 진실이 있다. 그녀의 삶과 그녀가 맡은 역 사이, 현재의 그녀와 그녀가 장차 되지 못할 미래의 그녀 사이의 게임 속에, 그녀의 희생 및 그녀의 죽음에 이르기까지의 그 게임 속에, 영사기가 돌아가고 스크린에 빛이 들어올 때마다 자리를 잡고 의미를 부여받는 그 선언의 순간 속에 진실이 있는 것이다.

그런데 브레송, 카사베츠, 누벨바그가 영화 탐색을 멈춘 그 지점에서 출발하여, 모흐센 마흐말바프와 압바스 키아로스타미는 영화에 대한 모험을 더 멀리까지 감행했고, 영화 바깥에서, 영화 옆에서 혹은 어쩌면 단순히 영화 안에서, 다른 시선, 다른 식의 영화 찍는 방식들을 발명해냈다. 오늘날 영화는 이란의 것일지도 모르겠다. 무수한 조작과 특수효과, 할리우드식 파토스의 거대하고 난잡한 진열 속에서 처음의 생기가 고갈될 때, 영화예술은 다른 판로들을 모색하고, 새로운 형식으로 재탄생할 준비를 한다. 영화 탄생 이래 영화에 자양분을 공급해온 이 꿈과 환상, 상상과 증언의 물결, 사상과 단어와 형식의 강물은 흘러야 한다. 그것은 모든 구멍들을 통해 흘러야 하고 모든 혈관들을 통해 적셔야 한다.

〈자전거 타는 남자〉는

모흐센 마흐말바프가 1987년에 만든 작품으로, 아마도 현대 영화사의 위대한 작품들 중 하나일 것이다. 이 영화가 들려주는 이야기는 매우 독특하다. 아프가니스탄과의 국경 부근에 있는 이란 지역을 배경으로, 나심이라는 이름을 가진 한 이민자가 아들과 함께 일자리를 찾지만 성과가 없다. 그의 부인은 중병에 걸렸고, 병원 대기실에서 치료를 받기 위해 돈을 기다리고 있다. 이 먼지 가득하고 사람들로 북적거리는 변두리에서는 그 누구도 다른 누구를 필요로 하지 않는다. 버스들이 광장에서 시동을 걸면, 나심처럼 절망한 사람들이 땅에 드러누워 바퀴에 얼굴을 댄 채 죽음을 기다린다. 아들 덕택에 나심의 자살 시도는 실패로 끝난다. 그는 결국 일종의 유랑 서커스 단장과 계약을 맺고 내기꾼들을 상대로 일주일간 멈추지 않고 광장 주위를 자전거로 도는 내기를 하게 된다. 그에게 낡은 자전거가 주어지고, 광장 분수 주위를 천천히 도는 원무가 시작된다. 처음에는 그를 보러 오는 사람이 많지 않다. 호기심 많은 이들, 한가한 노인네들, 놀리기 좋아하는 아이들. 그러더니 차츰, 매시간, 매일, 전설이 자라난다. 카메라는 자전거 타는 그를 잠시도 떠나지 않고, 때로는 가까이에서 고통으로 긴장된 그의 예언자적 얼굴을, 때로는 멀리서 군중 속에서 비틀거리는 거의 비현실적인 실루엣을 담는다. 광장의 웅성거림 속에서 그는 한마디도 내뱉지 않고 침묵한다. 아무것도 요구하지 않고, 아무것도 불평하지 않는다. 그의 목소리는 때로 확성기에서 울려나오는 신음하는 음악이고, 때로 내기꾼들을 끌어들이려는 단장의 감언이

설이다. 그의 목소리는 차라리 주변에 무감한 채 일종의 황홀한 꿈속에서 그가 계속 원을 그리는 동안 들리는 자전거 체인의 규칙적인 삐걱거림이다. 도는 횟수가 늘어가면서 광장의 무엇인가가 변한다. 터무니없는 내기는 일종의 소망, 희생으로 화한다. 돈의 미끼는 존엄을 위한 투쟁에 자리를 내준다. 나심은 더 이상 단순히 아내의 고통을 면해줄 돈을 벌기 위해 달리지 않는다. 그는 아프가니스탄 민족의 명예를 위해, 부자들의 권력과 정치인들의 부패에 대한 약자와 낙오자들의 승리를 위해 달린다. 낮과 밤들이 지나가고 나심은 여전히 자전거를 타고 달린다. 이제는 원무의 주변에 상설장이 들어서고, 음식과 기념품과 고물들을 판다. 여러 가족들이 텐트를 치고, 플래카드가 나붙고, 구급차가 가까운 곳에 정차해 있고, 그의 옆에서 같이 뛰면서 간호사가 혈압을 재도록 함으로써 의사가 자전거 타는 남자의 건강 상태를 체크하고 있다. 끊임없이 비극에서 코미디, 심지어 일종의 경악으로까지 넘어가고, 나심은 여전히 돌기를 계속한다. 그의 얼굴은 일종의 쾌감, 또는 고통으로 긴장되어 있다. 반쯤 눈이 감긴 그는 주변에 아무것도 보이지 않는 상태에서 몽유병자가 되어 페달을 밟는다. 쓰러지려 하면 그의 지지자들이 뺨을 때리고 그를 깨우기 위해 얼굴에다 물을 뿌린다. 그는 영웅, 상징이 되었다. 시市의 강자들—그가 이 도전의 끝까지 버티지 못하리라는 쪽에 내기를 건 자들—은 그를 멈추게 하려고 구르는 바퀴 앞에 못을 뿌리고 아들을 납치하겠다고 위협한다. 나심은 계속 돈다. 그러다가 화가 나면 막대기를 쥐고 페달을 밟으면서 그것을 흔드는데, 영국군과 소련군에 대항하던 시절의 말 탄 아프가니스탄 전사 같다. 나심의 최종 승리는 박탈당한 모든 이들의 승리이다. 그것은 또한 리얼리즘, 선전영화, 또는 시네마 베리테의 막다른 골목이라는 부침 이후, 참여영화의 부활을 상징하기도 한다. 이란이 배경이라는 사실은 예사롭지 않다. 인도나 이집트의 과다 제작에 맞서 이란 영화는 별로 할 수 있는 일이 없었다. 그러나 제반 상황—샤의 독재가 종식된 이래 이란이 겪고 있는 정치적 조건이나 문화적 유산, 극심한 경기불황, 그리고 아야톨라 체제 하의 폐쇄 시기를 거쳤다는 사실—이 시정詩情, 유머, 사회적 사실을 혼합하는 새로운 형식의 리얼리즘을 발전시켰다. 마흐말바프(아버지 모흐센을 말하지만, 그의 딸이 만든 영화들도 마찬가지이다)의 영화들은 모두 그것들을 예술 연습과 유사하도록 만들어버리는 매우 특별한 현실 접근방식을 갖고 있다. 영화의 주제는 단지 그것이 보여주는 것뿐 아니라, 그가 이야기를 하는 방식, 감독과 배우 간의 관계, 배우와 그들이 맡은 인물 간의 연관성이기도 하다. 〈순수의 순간〉에서 마흐말바프는 샤 시대에 자신이 겪은 에피소드를 다루는데, 당시 대학생이었던 그는 경찰관을 칼로 찌르려고 했었다. 인물들은 각자 자신의 이야기를 탐색한다. 마흐말바프와 경찰관은, 젊었을 적 자신의 역할을 맡게 될 그들의 분신을 선택해야 한다. 인물들과 그들의 분신은 지치지도 않고 같은 제스처들을 하고 또 하고, 말을 하고, 인적 없는 도시(매우 이른 아침, 테러가 발생한 아케이드 상점가는 아직 비어 있다)를 거닐고, 그들이 더 이상 이해하지 못하는 그 순간을 다시 살아보려고 시도한다. 그들은 추억을 고치고 공포와 분노를 극복하려고 한다. 정말 재미있으면서도 비감이 서려 있다. 결국 해결되는 것은 아무것도 없다. 마흐말바프는 자신을 그런 행위로 이끈 경위를 찾아내는 데 성공하지 못했고, 경찰관은 자신의 결혼에 장벽이 됨으로써 삶을 변하게 한 그 상처의 고통을 해결하지 못했다.

모흐센 마흐말바프의 휴머니즘은 역시 현대 영화의 가장 창조적인 감독들 중 한 명인 압바스 키아로스타미의 영화에 상당 부분 영감을 주었다. 영화 〈올리브나무 사이로〉의 진짜 주제는 〈순수의 순간〉과 마찬가지로, 영화 이야기의 구성에 있다. 우리는 촬영의 최종 결과물을 결코 알 수 없다. 우리는 단지 두 아마추어 배우인 호세인과 타헤레가 계속 같은 장면—청년이 계단을 올라가 자기 집 지붕 위에 있는 처녀에게 몇 마디를 해야 하는 상황—을 연기하려고 시도하는 것을 볼 뿐이다. 우리는 차츰 호세인이 실제로 타헤레를 사랑하고 그녀와 결혼하기를 원하지만, 그녀의 부모는 남자가 한낱 문맹 노동자이기 때문에 반대한다는 것을 알게 된다. 영화의 시나리오에서 발원한 원래의 러브스토리는 말하자면 실제 러브스토리에 의해 재개되고 변화된다. 우리는 때로는 연기를, 때로는 (그것 자체가 연기되고 있는) 실재를 바라보는 중간적 상태에 있다. 그리고 사실 우리가 더 알게 되는 내용은 없다. 마지막 시퀀스에서 호세인은 올리브 재배지에서 타헤레를 만나고 둘은 함께 걷는다. 이제 그들은 풍경 속으로 녹아드는 두 개의 형체일 뿐이다. 여자는 젊은 남자와의 만남에 응했고, 우리는 행복한 결말을 상상할 수 있다.

이와 같은 실재와 상상 간의 왕래는 키아로스타미의 〈클로즈업〉에서 극에 달하는데, 이 영화에는 자신이 시네아스트 마흐말바프라고 사칭하고 다니는 삽지안이라는 인물이 나온다. 경찰에 붙잡혀 정체가 탄로 난 그는 키아로스타미의 카메라 법정 앞에 선다. 영화의 대부분은 이 소송 법정의 폐쇄된 공간에서 진행된다. 주요 인물들의 얼굴, 즉 사기꾼에게 속은 가족, 판사, 삽지안 외에는 아무것도 보이지 않는다. 소송은 단지 잠정적인 사기꾼만을 대상으로 하는 것이 아니다. 여기서 제기되는 것은 특히 영화에 대한 소송으로서, 그람시의 분석에 따른 계급예술의 속성이나 할리우드 영화식의 꿈의 함정에 대해서가 아니라, 예술가의 정당성에 대해 의문을 제기한다. 감독 행세를 하는 자는 사회가 실제로 그 기능을 부여한 자보다 덜 정당한가? 한쪽을 진짜로, 다른 쪽을 사기꾼으로 만드는 차이는 과연 무엇인가? 그가 자신의 꿈을 구현하는 데 덜 진실한가? 키아로스타미의 영화는 그 자체가 일종의 속임수로서, 각종 인용, 암시, 영화사에 대한 참조로 가득 차 있다. 자기 자신에 대한 변론으로서, 삽지안은 마흐말바프의 〈자전거 타는 남자〉를 인용하고 판사 앞에서 그 작품에 대해 비평을 한다. 영화에 대한 열정으로 그는 뛰어난 관객, 자신을 봉헌물로 바치는 일종의 영화 사제가 된다. 배우들은 자신이 아닌 다른 사람 행세를 하고, 관객은 그들이 보는 것에 자신을 투사하는 것을 보면, 영화라는 것이 횡령의 장소 그 자체는 아닐까? 광장 주위를 돌면서 아프가니스탄 이민자들의 대변자가 되는 나심의 메타포는 다른 사람이 되고자 하는, 예술에 대한 사랑과 하나가 되고자 하는 삽지안에게 적용될 수 있을 것이다. 나심이 터무니없고도 절망적인 내기에 임하고 있는 작은 광장 주변에 군중이 모여드는 것과 마찬가지로, 차츰 삽지안의 법정 심문은 다른 사람이 되고자 했던 이 남자의 깊은 속내를 드러낸다. 판사는 유머 섞인 태도로 "결국 당신이 원하는 것은 배우가 되는 거군요"라고 결론 내린다. 진짜 마흐말바프가 오토바이 뒷좌석에 자신의 가짜를 태우고 그가 속인 가족들에게 꽃을 갖다주러 가는 마지막 시퀀스는 블랙 유머의 절정을 이룬다. 루비치가 떠오르기도 하고, 심지어 초기 코미디 영화에 쓰였던 거울 혹은 변장의 유희가 생각나기도 한다.

그와 같은 영화 찍기의 방식과 작품 주제들을 하찮게 볼 수도 있을 것이다. 영화화된 연극이나 소설을 원작으로 한 영화의 거대한 장치들과 비교해봤을 때, 마흐말바프와 키아로스타미의 내밀하고 진실된 이야기들은 보다 한정된 관객을 대상으로 하는 것 같다. 그러나 우리가 주목하는 것은 감동, 시선의 강렬함, 정확함, 메시지의 명철함이다. 〈자전거 타는 남자〉의 크레센도 리듬, 〈올리브나무 사이로〉의 화면 조명과 삐걱거리는 유머는 실재와 동떨어진 미학적 기교들이 아니다. 이란 사회는 기나긴 정치적 압재의 시대, 검열의 시대에서 막 벗어났지만, 사회 자체가 능력이 없는 것은 아니다. 그곳의 시급한 과제들은 헌팅턴 학교에서 공부한 지정학자들이 상상할 수 있는 것들이 아니다. 아마 선거 계획보다는 이슬람의 오랜 전통과 더 관련이 있는 자신의 오래된 휴머니즘의 찢어진 조직을 다시 기우는 것이 우선적으로 필요할 것이다. 압바스 키아로스타미의 가벼운 톤, 농담, 회의주의는 그의 정치적 결의에 대한 표명이 아니다. 그것은 오히려 자기비판, 체코 출신의 카프카에서부터 팔레스타인 출신의 에밀 하비비에 이르기까지 불확실성 속에 살아온 모든 이들에게서 발견되는 그 조소의 감정에서 비롯된다. 채플린에서부터 고다르나 카사베츠에 이르기까지 서구 영화의 모든 문화를 흡수하고 지난 경험들을 계승한 모흐센 마흐말바프와 압바스 키아로스타미는, 보편적 모델로서 기능할 수 있는 하나의 자유, 어떤 가벼움을 창조한다.

#4

영화관에서

우리는, 롤랑 바르트가 너무나 잘 묘사했듯이, 벨벳의 질감과 손잡이의 나무에서 전해지는 감촉을 느끼며 좌석에 몸을 안착시키고, 발을 앞 열 등받이 너머로 걸친 채, 잠을 자거나 꿈을 꾸거나, 때로는 자기 에로티즘에 빠진다. 그 익명의 영화관의 밤은 도시화된 세상의 거칠음으로부터 피난처가 될 수 있고, 관객들의 머리 뒤에 위치한 미세한 구멍에서 솟아나는 반짝이는 원뿔형 빛은 우리를 휘덮고, 우리에게 위안을 주는 빛우물을 스크린 위에 열어준다. 전혀 알지 못하고 앞으로도 결코 만나지 않을—심지어 영화가 끝난 후 비좁은 문을 통해 서둘러 앞이 안 보일 정도로 환하고 부산한 거리로 나갈 때조차도— 사람들과 거기에 함께 있다는 그 일종의 공모의식. 바르트에게 영화는 정확히 텔레비전의 반대편에 위치해 있어서, 하나는 개방적이고, 익명적이고, 고독과 희망들을 환영하는 반면, 다른 하나는 가족Family(바르트 자신이 F를 대문자로 사용했다)이라는 가증스럽고 접근 불가능한 틀에 한정되는 것, 평면성과 무채색 속에서 부엌 가재들과 거실 가구들 속으로 섞여버리는 것이었다.

내 경우, 영화 혹은 영화관들을 발견했을 때는 텔레비전이라는 것을 알지 못했다. 텔레비전이 존재하긴 했어도 우리 집에는 없었다. 아버지는 그것이 너무 비싸다고 여기셨다. 아버지는 미디어라 불리는 것들에 대해 특별히 관심이 없으셨다. 일주일에 한 번 사는 영자신문들(데일리 텔레그라프, 뉴 스테이츠맨)과 매일 저녁 듣는 라디오 뉴스(늘 BBC)에서 필요한 정보를 얻으셨다. 그 후에는 집안 형편이 내가 텔레비전에 오염될 위기에 처하지 않을 만큼 충분히 불안정했다. 수단이 없으니 욕구도 없었다. 나는 친구들 집에서나 아기 보는 아르바이트를 하면서 (아직 흑백이었던) 텔레비전을 봤는데, 축구경기나 배우 클린트 워커가 나오는 웨스턴 시리즈물을 보면서 매우 지루해했던 것이 기억난다.

열여섯, 열일곱 살 때 영화관에 드나들기 시작하면서 나는 수많은 기쁨과 감동을 맛보았던 시기로 접어들었다. 그때 나는 니스에 살았는데, 당시 니스에는 영화관이 무려 50개나 있었다. 취향대로, 가격별로, 구역별로 영화를 골라 볼 수 있을 정도였다. 나는 하루에 두세 번까지도 영화를 보러 갔다. 그러려면 돈이 있어야 하지 않았겠냐고 반문할지 모른다. 그러나 그때는 지금과 다른 시대였다. 몇몇 영화관들(나중에 다시 이야기할 것이다)은 연극 공연장으로도 쓰였는데, 할리우드 영화, 시네마스코프와 이스트만 컬러를 사용한 최신작들을 상영하면서 시의 최고 부유층 관객을 빨아들였고, 관객들은 마치 연극을 보러 가는 것처럼 빼입곤 했다. 그럼에도 불구하고 앞의 여섯 줄은 보통 아침시간에 싼값으로 팔았다. 내가 수많은 고대 사극영화와 최신 서부극들, 〈바람과 함께 사라지다〉, 〈빵과 사랑과 꿈〉 또는 〈디아볼릭〉을 본 것은 바로 그런 자리에서였다. 정말 무일푼인 애호가들의 경우에는 동네 영화관을 선택할 수 있었다. 각 영화관은 자기만의 관객을 확보하고 있었다. 집시들은(당시 니스에는 집시들이 굉장히 많았다) 구시가지의 폴리테아마나 극장, 소나무 극장, 또는 탑 극장에 갔다. 그곳에서는 대중영화들, 마시스트Maciste 시리즈, 전쟁영화(오디 머피가 출연했던 영화들)를 소란스러운 분위기에서 틀어줬다. 바르트가 말하는 빛의 원뿔은 보통, 앞쪽 줄들에서부터 올라와 스크린 앞으로 끼어들던 담배연기에 의해 부서졌다. 나는 어떤 영화들은 장면 통째로 그 빛나는 안개 위에 투사된 형태로 봤는데, 그 장면들은 몽환적이고 심지어는 악마적인 형상을 띠었다. 싸움이 일어나고, 영화는 중단되고, 불이 켜지고, 경찰이 나타나 제지하곤 했다. 시네악 극장(질 자콥이 애용하던 영화관)에서는 싼값으로 지나간 흥행작들을 볼 수 있었다. 내가 처음 접한 오슨 웰스 영화인 〈악의 손길〉도 거기에서 봤고, 그 후 시네클럽에 가서 그의 걸작들인 〈위대한 앰버슨가〉, 〈시민 케인〉, 〈심판〉을 봤다. 레미 코숑Lemmy Caution 시리즈도 장-뤽 고다르가 감독한 마지막 모험편인 〈알파빌〉만 제외하고는 다 그곳에서 봤다. 클루조의 〈살인자는 21번지에 산다〉, 마르셀 카르네의 〈안개 낀 부두〉, 줄리엥 뒤비비에의 〈망향〉 등 필수 감상 프랑스 영화들도 마찬가지였다.

특화된 영화관들도 있었다. 에두아르 7세 극장은 호러 영화만 상영하다가, 유행이 지나자 소위 '에로' 영화들을 틀었다. 바를라 극장은 대개 이탈리아에서 만든 근육질 영화들—앞에서 언급한 마시스트(〈마시스트, 괴물과 싸우다〉) 시리즈 외에 헤라클레스(〈격노한 헤라클레스〉) 시리즈도 있었다―을 상영했다. (싸고 넓은) 몽디알 극장에서는 항시적으로 미국 거장들, 존 포드, 휴스턴, 엘리아 카잔, 페킨파, 알드리치, 쿠커, 카프라, 미넬리, 히치콕을 볼 수 있었다. 거의 시외에 위치한 마냥 극장은 이미 잊혀진 2, 3년 전의 흥행작들을 놓친 사람들이 찾아갈 수 있는 곳이었다. 그러나 내가 가장 애용하던 곳은 고지대에 위치한 생 모리스 극장이었다.

시네클럽 장 비고가

바로 그 생 모리스 극장에서 일주일에 한 번 상영회를 가졌다. 나는 거기서 대부분의 고전 영화를 봤다. 당시 시네클럽은 진정한 하나의 제도로 군림했다. 그곳은 영화에 관한 폭넓은 교양을 갖춘 매우 다양한 계층의 시네필들이 섬기는 영화예술의 신전이었다. 르바미 같은 변호사들, 웰펠이나 살베티 같은 고등학교 교사들을 볼 수 있었는데, 그들은 그곳의 핵심 멤버였다. 대체로 비타협적이고 논쟁적이었던 그들은 언젠가 자신들을 대신하여 투쟁을 이어갈 젊은이들을 양성하는 데 헌신을 다했다. 회원은 주로 고등학교와 중학교 학생들이었다(다수는 대학생활에 접어들면서 멀어졌다). 시네클럽의 목적은 그 젊은이들로 하여금 영화가 단지 스펙터클만은 아니라는 것, 영화는 배우들에 의해서가 아니라 카메라 기술진들에 의해 만들어지고 그들은 예술가와 매한가지라는 사실을 인식시키는 데 있었다. 그와 같은 기본 원칙들의 발견은 실제로 꽤 황홀했고, 대학생들이 비평과 미학의 토대들, 다시 말하면 철학 수업을 접하게 되는 순간과 맞아떨어졌다. 새로운 단어들이 그들의 어록에 포함되었다. 시나리오, 스크립트, 숏, 시퀀스, 때로는 시퀀스 숏. 카메라 워크, 부감, 트래블링. 트릭, 특수효과, 오버랩, 딥 포커스. 이어서 소위 문화라면 모두 갖춰야만 하는 이름들이 등장했다. 프랑스나 외국의 위대한 감독들의 이름, 기술 스태프들, 카메라 감독, 조감독들의 이름, 영화학교들과 그 역사. 또한 빼놓을 수 없는 비평계의 영화잡지들, 편집장들, 그 기관지들의 대체적 경향. 『포지티프』, 『시네마 60』, 『카이에 뒤 시네마』의 필진은 가장 까다롭고 가장 극단적이었다. 어떤 회원들은 영화를 보거나, 평론을 읽거나, 또는 단지 그 한정된 사회를 드나들게 됨에 따라 세월이 흐르면서 백과사전적인 기억을 획득한 상태였다. 어떤 시대의 어떤 영화에 대해서건(아무리 그래도 심한 졸작들은 제외되었다) 그들은 모든 기술 스태프의 이름을 댈 수 있었고,

영화 작품을 연대기별 혹은 주제별 필모그래피 속에 위치시킬 능력이 있었으며, 감독들과 배우들의 전기를 달달 외우고 있었다. 폐쇄된 사회의 문화가 모두 그렇듯이, 그와 같은 지식은 내부의 불꽃을 피우는 것 외에는 전혀 다른 기능이 없었다. 회원들은 모임에서 그와 같은 이름들과 기준들을 사용함으로써 정신적으로 하나가 되었다. 그들의 언어는 때로 어찌나 난해해졌던지, 감독 이름과 영화 제목들을 단순한 숫자로 대체할 수도 있었을 것이다. 그 시절(스무 살 무렵), 나는 자족적이고 완벽하게 논리적이고 완전히 낯선 하나의 세계를 스쳐간 듯한, 심지어 어쩌면 그 속에 발을 담근 듯한 느낌이었다. 부족한 암기력, 일종의 게으름, 또는 아마 다른 관심사들이 나로 하여금 그 모임에 더 이상 깊이 관여하지 않도록 했을 뿐이다. 그러나 나는 차츰 그곳에도 모든 단체들처럼 다양성, 사고방식, 배타성, 경쟁의식이 존재함을 알게 되었다. 핵심층은 창립 세대로서 어느 정도 나이가 있는 사람들로 이루어졌는데, 그들에게 영화란 클레르, 카르네, 르누아르, 뒤비비에와, 이탈리아인 로셀리니, 펠리니, 라투아다, 독일인 파브스트, 랑, 오퓔스, 미국인 존 포드, 델머 데이비스, 엘리아 카잔, 오슨 웰스, 러시아인 에이젠슈테인, 돈스코이, 베르토프 등 몇

몇 위대한 이름을 중심으로 맴돌았다. 그들의 분석은 고전적이고 온건하며 늘 기술적이었다. 일종의 좋은 취향이 지배적이었다. 나는 조르주 사둘의 『세계 영화사』에서 그와 같은 표현을 다시 발견하는 것 같다. 내가 보기에, 반대파 그룹 하나가 점차 떨어져 나오기 시작했다. 그들은 보다 젊고, 과감하고, 때로는 과도했는데, 그들은 예절에는 아무 의미를 두지 않았고, 그보다는 전투적인 열정을 선호했다. 그들은 휴머니즘의 주제들을 무겁게 다루는 고전 영화보다는 입장을 과감히 드러내고 일종의 '이류'에 호소하는 지적인 영화들을 선호했다. 그들은 시네마 베리테의 위대한 실험영화들, 마르케의 〈활주로〉, 루슈의 〈인간 피라미드〉, 로메르의 〈사자의 기호〉에 환호하는 동시에 대중적인 영화들 또한 사랑할 수 있었고, 보리스 카를로프와 메이 클라크의 존재 때문에 제임스 웨일의 〈프랑켄슈타인〉을 극찬할 수 있었으며, 여배우 바바라 스틸(마리오 바바의 〈악마의 가면〉에서 잊을 수 없는 모습을 보여준다)에 대한 사랑으로 흡혈귀 영화들에 열광할 수 있었다. '언더그라운드'라는 말은 아직 통용되지 않았고 '인디'라는 말은 생기기 전이었다. 그러나 그런 운동들의 전조를 느꼈던 것 같다. 허망할 정도로 쉬운 시기였다. 화려한 미국 차를 대여섯 명이 함께 타고 시네클럽에서 돌아와, 새벽 네 시에 해변 도로를 달린 후 스토리빌에서 밤을 지새는 것은 행복한 소수, 엘리트, 혹은 영원한 젊음에 속해 있다는 확신을 부여해주었다.

모든 단점들과 비판들에도 불구하고 시네클럽 장 비고는 그곳을 알던 이들에게는 각별히 빛나는 장소였고, 가득한 영화의 열기에 전율을 느끼고, 영화예술의 가장 생동감 넘치는 부분을 받아들일 수 있는 곳이었다. 그곳에 대해 이야기하는 지금, 나는 상영이 시작되기 전 사회자가 손에 자료를 들고 우리가 곧 보게 될 영화가 탄생하기까지의 그 배경과 과정을 설명하는 동안 우리를 사로잡던 일종의 조바심을 다시 경험하는 것만 같다. 상영이 끝나고 나면 우리는 밤중에 언덕 꼭대기에 남겨졌다. 버스는 끊기고 우리 중 교통수단을 보유한 경우는 드물었다. 그래서 시내를 향한 긴 내리막길을 걸어가는 동안 우리는 격앙된 어조로 때로는 냉정하게, 우리가 본 것, 우리가 경험한 것에 대해 이야기를 나눴다. 남녀 사이에서는 종종 커플이 탄생했고, 우정은 더욱 견고해졌다. 한적한 길거리에서, 건물 발치에서, 광장에서, 토론은 계속되었다. 경찰 검문도 있었다(당시는 알제리 전쟁과 마르크스주의 비밀단체들의 시대였다). 이상한 사건들, 예상치 못한 만남들도 기억난다. 어떤 면에서 영화는 우리의 삶 속으로 들어와 우리를 변화시켰었다. 그것은 지나쳐가는 시기, 보다 일반적인 현실로 접근해가는 시기였고, 그 당시에 우리는 세상의 파도가 몰려오는 소리를 포착했다. 그 후 어떤 이들은 가던 길을 계속 가서 교수, 평론가가 되었다. 몇몇은 심지어 영화를 만들기도 했을 것이다. 놀라운 것은 그 모든 것의 출발점이 붉은 모조피혁으로 만들어진 낡은 의자들이 들어차 있는 불편하고 냄새나던 그 초라한 영화관이었다는 점이다. 시대에 뒤떨어지고 모든 것에서부터 멀리 떨어져, 초기 세계 영화에 빛나는 천재들의 이름을 달기 위해 매주 한 번씩 이름을 바꾸던 의자들로 꽉 차 있던 그 작은 영화관에서 모든 것이 시작되었던 것이다.

내게 있어서 영화의 고고학을 이루는 영화들은 막스 린더, 채플린, 키튼, 멜리에스가 극히 풍요로운 창작력과 매우 대담한 상상력으로 이루어낸 초기 영화들이 아니다. 스턴버그의 〈푸른 천사〉나 장 비고의 초현실주의적인 영화 〈품행 제로〉 같은 그 시대 영화들은 오늘날에도 작은 영화관에서 우리가 〈도깨비 유령〉을 영사하던 할머니 댁의 스크린보다 별로 크지도 않은 스크린으로, 그것들이 막 개봉되었을 때만큼의 즐거움을 만끽하면서 볼 수 있다.

영화의 고고학을 이루는 영화들은 종전 후 대작 영화의 절정기를 형성한 그 웅장하고 과장되고 다소 괴물스러운(괴물스럽게 돈이 많이 들었기 때문에) 영화들로서, 그에 버금갈 만큼 괴물스럽고 막대한 돈이 투입되는 현대 할리우드 영화는 그 마지막 화신化身이다.

직접 경험해보지 않고서는 그 당시 영화가 어떠했는지를 이해하기 어렵다. 그 대작들을 영접하기 위해 전쟁 직전, 수천 명의 관객을 수용할 수 있고 미국 이름인 '무비 시어터movie theaters'에 걸맞는 엄청난 규모의 영화관들이 세워졌었다. 내가 니스에서 〈십계〉, 〈벤허〉, 〈오드의 투기장〉, 〈스팔타커스〉 같은 주요 스펙터클 사극을 본 것은 바로 이들 영화관 중 한 군데에서였다. 특히 1950년대 기독교 사극인 〈성의〉가 생각난다. 그 영화관 이름이 '에스쿠리알Escurial'(스페인에 있는 궁전 이름 — 옮긴이)이었는데, 그런 류의 스펙터클을 맞이하기에 안성맞춤인 이름이었다. 그곳은 포스트 무솔리니 시기 예술의 걸작품으로서, 12미터 높이의 천장, 칸막이좌석들을 옆에 낀 엄청나게 큰 발코니, 진홍빛 벨벳의 무대커튼을 갖추고 있었으며, 측면 벽들과 입구 홀은 끝없는 언덕들을 배경으로 로마의 귀부인들과 중장보병 전사들을 묘사한 네오클래식 프레스코화들로 장식되어 있었다.

〈성의〉는 광고를 엄청나게 해댔다. 물론 나는 대규모 (지방) 시사회에 참석할 수 없었지만, 그로부터 몇 주 후 아침 시간대 저렴한 맨 앞 여섯 줄 좌석 중 한 개를 확보하는 데 성공했다. 그 시간대에 가려면 고등학생은 그리스어 · 라틴어 수업을 빼먹고 가야 했지만 분명 수업보다 영화가 고대사에 대해 더 많은 것을 가르쳐줄 것이었다.

사실 영화에 대해서는 좀 잊어버렸다. 손에서 손으로 옮겨다니다가 로마 이교의 비밀에 맞서 진정한 신앙이 승리하는 것으로 끝을 맺던 그 성의가 생각난다. 영화가 그렇게까지 감동적이지는 않았고, 내 뇌리에 박힌 것은 오히려 막간이었다. 영화가 꽤 길어서 2시간이 좀 넘었을 텐데, 스펙터클의 긴장감—혹은 지루함—을 풀어주기 위해 상당히 긴 시간의 간격을 두었다. 그 막간 동안에 소희극이 스크린 앞에 설치된 무대에서 공연되었는데, 빅토린 스튜디오에 고용된 보조배우들(당시 엑스트라를 이렇게 불렀다)이 고대 로마의 살아 있는 그림—자줏빛 선을 두른 흰색의 귀족층 옷을 입은 청년들, 백부장의 옷을 입은 군인들, 스포트라이트를 받아 빛나는 맨 어깨를 드러낸, 파스텔 드레스를 입고 인조보석 왕관이 지탱하는 틀어올린 머리를 한 매우 우아한 젊은 여자들—이 되었다. 진지한 관객들의 경우, 공연을 보는 대신 담배를 피러 복도로 나갔었는지는 잘 기억나지 않는다. 내가 아는 것은 앞쪽 여섯 열에 앉은 고등학생들은 기침 한 번 안 했다는 사실이다. 무대 가까이에 있는 일급 좌석을 차지하고 앉아 미인들에게 박수를 보낼 수 있었으니 그때만큼은 저렴한 좌석표가 그들에게 유리했던 것이다. 또 기억나는 것은 극장 도어맨 역할을 하는 아가씨들이 막간에 로마 여인의 의상을 차려입고 초콜릿 아이스캔디와 캐러멜이 담긴 바구니를 들고 돌아다녔다는 것이다. 사람들의 말마따나, 그런 게 바로 영화였다!

눈을 감고,

맹인들을 위한 영화를 만든다?

말도 안 되는 일이지만, 그럼에도 불구하고 나는 가끔 그런 꿈을 꾼다. 어두운 영화관에서 앞좌석 등받이 사이에 낀 내 무릎에 의해 구획되는 그 공간, (요즘 점점 더 편안해지는) 의자의 그 보호적인 빈 공간에 깊숙이 자리잡고 의자의 윗부분이 마련하는 일종의 일본식 나무베개에 목을 안착시킨 채, 나는 눈을 감고 영화의 물결에 몸을 맡기고, 오직 귀와 공기의 진동과 길가와 광장의 군중 소리, 아주 많은 사람들이 있는 것 같은 전체적인 웅성거림에 동반되는 그 전신 감각에 의해서만 영화를 받아들인다.

나는 눈을 감는다. 나는 상상한다. 그곳에, 아주 가까이에 있지만, 다가갈 수 없다. 내 머리 위에서 흔들리는 빛의 원뿔, 입자가 진 스크린. 물론 나는 이 모든 장치들과 그것이 지니는 시각적 현실성에 대해 알고 있다. 그러나 눈을 감으면 달라진다. 잠깐만이다. 놀이다. 우리 모두 한번쯤은 불 꺼진 집 안에서 걷기라든가, 손을 뻗은 채 익숙한 길에서 비틀거리기 같은 걸 해본 적이 있다. 잔인한 놀이다. 바보 행세를 하듯, 죽은 사람의 행세를 하듯, 장님 행세를 하는 것은 말이다. 어쨌거나 앞을 보지 못하는 이들에게 영화는 존재한다. 그들에게도 책, 연극, 조각 미술관, 미술 전시회는 존재한다. 그렇다, 미술 말이다. 나는 말년에 눈이 먼 모리셔스 출신의 이모할머니께서 니스의 작은 집에 틀어박혀서는, 당신 피부 위로 쏟아지는 빛나는 색채들에 대해 이야기하고, 또 하늘에 있는 달의 존재를 느낄 수 있다고 장담하시던 것을 기억한다. 다시금 내가 영화의 빛에 비유하는 창백하고 입자가 진, 다른 곳에서부터 오는 그 빛을 떠올려본다. 나는 바로 그런 영화에 대해 이야기하고자 한다. 역설이나 내기로서가 아니라 실제 존재하는 그런 영화. 웅성거림. 〈오데트〉에서 확대된 동물들의 울음소리, 〈우게츠 이야기〉에서 오하마가 노래할 때 몸을 앞뒤로 흔들며 노

젓는 소리, 〈모니카의 여름〉의 연인들이 껴안고 잘 때 선체에 부딪히는 물소리, 라탈랑트호가 강 위를 미끄러져갈 때 내는 소리, 르누아르의 〈강〉에서 아이들이 노는 정원에서 들려오는 벌레들과 식물들의 소리, 안토니오니의 〈정사〉에서 클라우디아가 안나를 밤새 기다리고 있는 검은 절벽 위를 지나가는 격렬한 태풍 소리, 라스 폰 트리에의 〈브레이킹 더 웨이브〉와 리 타마호리의 〈전사의 후예〉에서 들리던 바다의 소리, 마르완 하메드의 〈야쿠비안 빌딩〉의 지붕에서 들리는 자동차 경적 소리와 도시의 포효.

영화들은 가끔 이미지의 언어 외에 다른 언어를 말한다. 마흐말바프의 〈가베〉에서 이야기꾼이 사용하는 언어는 지평선으로부터 말을 탄 연인의 늑대 울음소리가 떠오르도록 하고, 세이렌에 대한 치명적인 사랑에 빠진 노인의 염소울음 같은 거슬리는 소리로 이어진다. 〈히로시마 내 사랑〉에서 마르그리트 뒤라스의 목소리는 밀물과 썰물처럼 반복되면서 세상에서 가장 비극적인 도시에서 사랑을 이야기하고, 우리를 다른 시간 속으로 데리고 간다.

의자 본체의 보호 속에 등받이에 목을 기대고, 에어컨의 시원함 속에서 온기를 느끼면서, 도시의 소란으로부터 멀리 떨어져서, 관객들의 형제애로부터 떨어져 있으면서도 그것을 의식한 채, 그(그녀)는 본다. 그것은 잠으로 향하기 위해 선택된 영화이다. 지루해서가 아니다. 반대로 그것은 사랑받고, 잘 알려진, 거의 사람들이 마음속에 되뇌는 영화, 오래된 노랫가락, 또는 우편엽서집이다. 모든 것이 제자리에 있다. 빈센트 미넬리의 〈세인트루이스에서 만나요〉를 예로 들 수 있다. 주디 갈란드, 그녀의 따뜻하고 강렬한 목소리, 그리고 이야기의 완전한 부재, 경쾌하고 거드름피지 않는 노래들과 격렬함이 없는 이미지들, 코미디화된 사랑, 둘이 꾸는 꿈으로서의 사랑을 풀어내는 롤러 하나가 있을 뿐이다. 몽유병자들의 영화, 구름들이 파도치는 영원히 파란 하늘 같은 것, 그리고 당신은 그것들의 행진을 따라 흘러가는 대로 몸을 맡긴다.

숏들과 시퀀스들이 이어지면서 눈꺼풀이 무거워진다. 당신은 당신 몸 속에서, 하복부에서부터 출발하여 심장, 목, 폐로 올라오는 일종의 파도를 느끼지만, 완전히 거기에 빠지지는 않는다. 그것은 차라리 당신의 혈관과 두피 속으로 미끄러져 들어가고 천천히 당신의 뇌 속에 침투하는 한 가닥 연기煙

氣에 가깝다. 음악의 소리, 인간 목소리의 노래, 대화, 웃음. 발자국 소리, 열리고 닫히는 문 소리. 규칙적인 고동은 당신 심장에서 나는 것일까, 아니면 온 세상의 시계가 똑딱이는 것일까? 당신은 졸음이 오는 것을 느끼지만 그것은 기분 좋고 지극히 부드러운 느낌이다. 영화관 전체가 당신의 집, 당신의 요람이다. 당신은 미끄러지고, 당신은 넘어지고, 이어서 당신은 난다. 옛날에는 꿈꾸는 사람이 몸에서부터 나와 다른 지역들을 날아다닌다고들 했다. 그는 늘 약간 피곤하지만 행복한 채 돌아왔다. 자기 손에 아무것도, 심지어 풀이나 머리칼 한 줌도 가져오지 않았다. 그는 단지 잠이 들었을 뿐이었다.

만약 영화가 이미지와 사운드의 만남에 불과하다면 우리가 그토록 온통 사로잡힐 수 있을까? 대사의 구성물에 불과하다면 우리가 그 정도로 베리만의 영화들을 사랑하게 될까? 그렇다면 그 영화들을 읽거나 혹은 무대 위에서 펼쳐지는 연기를 보는 것으로 족할 것이다. 그런데 눈을 뜨기만 하는 것으로 과연 우리는 우리의 꿈들을 알아볼 수 있을까?

음악은

영화의 모든 것이 잊혀지더라도 계속 남아 있을 것이다. 할리우드, 돈 기계, 그리고 그것이 생산해낸 수없이 많은 끔찍한 졸작들에 대해서는 아무리 험담을 해도 끝이 없을 터이지만, 완벽한 장르 하나를 발명하고, 실현하고, 성장시킨 것에 대해서는 감사해야 할 것이다. 1940년에서 1960년 사이, 미국 영화는 자신의 가장 성공한 장르인 뮤지컬의 주요 작품들을 만들어냈다. 조지 쿠커, 하워드 혹스, 빈센트 미넬리, 빌리 와일더, 프랭크 카프라 모두가 뮤지컬 영화를 시도했고, 그럭저럭 성공을 거두었다. 몇몇은 그 분야에서 정상에 도달했다. 뮤지컬 장르는 눈부시도록 화려하고, 현기증을 유발한다. 그것은 시나리오보다는 노래 가사와 음악, 특히 배우들을 필요로 한다. 오직 균형에 의해서만 그 허약하고 이질적인 구조가 지탱될 수 있는 서커스의 일종이다. 아주 사소한 것 하나라도 놓치면 안 된다. 춤 스텝이 조금만 흐트러지거나, 말 한마디 더 하거나, 시선이 너무 달콤하거나 노래가 너무 밋밋하기만 해도, 모든 것이 순식간에 악화된다. 뮤지컬에는 오락 외에 다른 어떤 목표도 존재하지 않는다. 그러나 일단 성공적일 때는 훌륭하다. 재미있다. 멋있다. 꿈과 현실, 신랄함, 악의, 일시적 사랑, 때로는 감동으로 가득하다. 주디 갈란드가 나오는 〈오즈의 마법사〉, 〈지그필드 걸〉, 〈스타탄생〉(아, 제임스 메이슨이 갈란드에게 건네는 대사가 거쉰의 말임을 아는가. "당신에게는 모든 것을 변화시키는 작은 뭔가가 있어요."), 줄리 앤드류스의 〈사운드 오브 뮤직〉, 리타 헤이워스와 프레드 아스테어의 1942년 작 〈너무도 아름다운 당신〉은 잊을 수 없다.

내게 있어 뮤지컬은 주디 갈란드(늘 그녀가, 그녀가 늘, 함께하기를!), 프레드 아스테어, 그리고 앤 밀러의 경이로운 탭댄스가 어우러지는 〈이스터 퍼레이드〉(1948년 작, 찰스 월터스 감독, 어빙 벌린 음악)이다. 영화에 별 대단한 내용은 없다. 한나 브라운(주디 갈란드 분)은 카바레 댄서로, 가난하고 순진하고 지나치게

착하다. 한나는 당대 스타인 나딘 헤일을 즉석에서 대신하게 된 후 그녀보다 더 큰 성공을 거둔다. 그리고 유명한 배우가 되고, 마침내 언젠가 최상의 자리에서 구경하리라 꿈꿔왔던 부활절 퍼레이드를 위해 뉴욕 시가행진에 나선다. 별 내용은 없지만 모든 것이 거기, 프레드 아스테어의 곡예적인 안무와 주디 갈란드의 서투름, 그녀의 아이 같은 얼굴 속에 있다. 음악과 색채들은 시작도 끝도 없고, 목표도 이유도 없는 일종의 불꽃놀이를 만들어낸다. 눈물어린 세상만사와 무관한 젊음의 소용돌이, 순간을 영원히 지속시키는 사운드와 색의 소용돌이 속으로 휩쓸려 들어가는 것 같다. 마음으로 감동한다. 아마도 주디 갈란드의 운명, 마릴린 먼로의 종말을 슬프게 반복한 호텔 방에서의 그 비극적인 죽음을 떠올리기 때문일지 모른다.

발리우드는

또 다른 할리우드이다(인도 영화의 수도 봄베이(현재의 뭄바이)에서 나온 말이다). 영화라는 꿈 속을 거니는 나의 이 산책ballacination에서 발리우드를 언급하고 싶은 이유는 그것에 대해 얘기하는 사람이 거의 없고, 제대로 얘기하는 사람도 없기 때문이다. 이름만으로도 발리우드는 시네필들을 떨리게 한다. 싫어하는 이들과 잘못된 이유로 좋아하는 이들이 있다. 전자는 쓸데없이 중복되는 제작으로 영화의 질을 떨어뜨리는 제3세계 할리우드에 대한 일종의 경멸을 표시한다. 나는 그것을 부정하지 않되, 그러한 평가—영화 비평이 말하는 장점과 단점들—에 대한 책임은 그들에게 남겨두고자 한다. 후자들, 감히 그것을 좋아하는 사람들은 키치예술의 승리, 이류(나아가 삼류, 십류)에서만 즐길 수 있는 희귀하고, 심지어 괴물적인 영화라고 말한다.

사실을 말하자면, 인도 영화는 다른 영화들처럼 하나의 영화일 뿐이다. 다시 말해서 거기에는 아주 못 만든 영화도 소수 있고, 훌륭한 영화도 소수 있으며, 대다수의 영화는 극히 중간 정도 수준의 영화로 이루어져 있다는 뜻이다. 또 다른 사실 하나는 기준이 같지 않다는 것이다. 보편적 예술이라는 발상은 현대의 발명품이다. 서구의 고상한 취미에 의거한 여과장치가 동양이나 아프리카에서 유효할 수는 없다. 특히 뮤지컬 영화의 경우, 말하자면 발리우드 제작 영화들이 대부분 그렇다. 프랑스나 미국 시네필의 눈에는 모든 것이 비판의 대상일 수 있다. 그는 인도 영화를 보고 시나리오가 우스꽝스러울 정도로 감상적이고, 배우들의 연기는 과장되고, 음악은 끈적이도록 달콤하고, 이미지는 눈에 거슬린다고 생각할 것이다. 그 모든 것에도 불구하고 좋아하기로 결정한다면, 그는 역설의 취향에 의해 좋아하는 것이리라. 그의 눈에 이와 같은 과잉들은 고전주의에 대한 일종의 반기이기 때문이고, 그것들은 그가 바로 그 과잉을 음미할 수 있는 세상, 그에게는 일종의 감각의 자유, 즉각적 코미디, 이국적 존재방식을 상기시키는 세상에 대해 말하기 때문이다. 그의 머릿속에서 인도 영화는 관광객이 여행가방에 넣어서 돌아오는 물건이나 기념품, 소박한 그림, 간판, 봉납물, 포스터, 싸구려 장신구 및 여타 저속한 채색화에 합류할 것이다. 그것은 그의 즐거운 박물관, 이상적인 휴가앨범이 될 것이다. 내가 보기엔 차라리 무조건 거부하는 태도가 낫다.

발리우드는 그 자체로 하나의 온전한 세계이다(나는 단지 스튜디오에 대해서만 말하는 것이 아니다). 그곳에서 제작되는 영화는 지구상 인구의 반이 보고, 그중 많은 이들에게는 그것이 유일한 영화, 이미지의 세계로 향하는 유일한 접근로이다. 인도 영화들은 아프가니스탄, 이란, 이집트, 모리셔스 섬, 흑인 아프리카, 그리고 인도나 인도네시아에서도 본다. 그 틀 내에서는 모든 것, 가정의 비극, 부부간의 관계, 세대 간이나 집단 간 마찰, 종교 분쟁, 정치적 야심, 생태 환경, 도시화, 세계화에 대한 공포, 말하자면 일반적인 인간 조건이 표현될 수 있다. 그중에는 할리우드 영화만큼 잘 만들어진, 가볍고 재미있고 다소 지나치게 가벼운 코미디들이 있다. 이를테면 카리나 카푸르가 알리야를 연기한 쿠날 코리의 〈파나〉 또는 초록색 눈과 화장품 광고로 세계적으로 알려진 여배우 아이슈와리아 라이가 출연한 수브하쉬 가이의 〈타알〉(1999) 같은 영화들인데, 〈타알〉은 가난한 소녀가 자신의 처지에 비해 너무 부유한 집안의 남자를 사랑하지만 가요계에서 성공하여 마침내 구혼자의 집안에 받아들여지는 이야기이다.

인도 영화 중에는 드라마틱한 영화들도 있는데, 일례로 아미타브 바츠찬이 나오는 라비 코프라의 〈바그반〉(2003)은 자식들의 교육을 위해 희생한 부부가 자식들이 장성하자 외면당하고 양아들 집으로 피신하는 이야기이다. 〈비르-자아라〉(2004)에서는 유명배우인 샤룩 칸이 파키스탄의 무슬림 여인과 사랑에 빠진 후 사랑하는 여인의 명예를 훼손시키지 않으려고 자신을 희생하는 주인공 인도 경찰 역을 맡았다.

역사영화, 정치영화도 찾아볼 수 있다. 전 세계적으로 가장 유명한 발리우드 영화라고 할 수 있는 아슈토시 고와리커의 〈라가안〉은 크리켓 시합의 틀을 빌려 인도인들과 영국 식민 군대 사이의 마찰을 상세히 기술한다. 파키스탄의 테러리즘을 배경으로 한 러브스토리 〈데브〉(2004)도 있다.

마지막으로, 진정한 안무와 음악이 따르는 매우 느린 템포로 촬영된 낭만적인 영화들이 있다. 카란 조하르의 감미로운 〈카비쿠시 카비감〉(2001)이나 마하라슈트라의 스타이자 너무도 아름다운 맘타 쿨카르니가 나오는 범죄 뮤지컬—특수한 인도 장르—〈퀼라〉를 들 수 있다.

이 영화들은 모두 최근 제작된 것들로, 인도 영화가 지니는 엄청난 복잡함과 풍요, 젊음을 보여준다. 그렇다면 발리우드 영화를 좋아하기 위해서는 자신의 취향, 교양, 교육을 장롱에 처박아 두어야 하는 것일까? 전혀 그렇지 않다. 감각에 주의를 기울여 보편적 도덕 가치들을 재발견하는 것으로 충분하다. 효도, 결혼 문제에서 가정의 역할, 윗사람에 대한 존중, 서양 영화가 표현하는 데 힘겨워하고 아주 예외적인 것으로 간주하는 여성의 시선(미라 네어의 〈살람 봄베이〉뿐 아니라, 이정향의 〈집으로〉나 소피아 코폴라의 귀여운 〈사랑도 통역이 되나요Lost in Translation〉의 경우)과 같이, 현대 세계의 회의주의로 인해 망각

되었던 보편적 가치들을 말이다. 그리고 음악의 매력에 몸을 맡기고 시간을 잊는다. 3시간에 막간까지 하면, 고대의 대극장, 마법의 아유타야 시대의 라마야나 극장에 다시 온 것만 같다. 아마 우리는 2시간 동안 공연을 보고 잠시 꿈속으로 들어가도록 포맷되어 있는 것 같다. 발리우드를 이해하기 위해 우리는 청소년 시절의 시간 길이를 되찾아, 햇빛은 강렬하고 영화관들의 음지는 각종 냄새와 나른함으로 가득 찬 오후에 영화관에 가야 할 것이다(그리고 저녁에는 춤추러 가고!). 아마 잠자는 것도 필요할지 모른다. 반짝임들에 둘러싸인 채, 꿈을 꾸고, 이미지들을 따라 구름에서 구름으로 떨어지는 것도……

영화는 미래에 한국의 것이 될까?

이 질문은 편향되고 다소 공허한 것임에 분명하다. 영화는 세계적이 되거나 혹은 그렇지 않을 것이다, 라고 답하고 싶을 것이다. 셰익스피어가 영국 작가라든가 돈키호테가 스페인 인물이라고 상기시키는 것만큼이나 르누아르와 에이젠슈테인에 대해 한 명은 프랑스인이고 다른 한 명은 러시아인이라고 말하는 것에는 의미가 없다.

그럼에도 불구하고 돌이켜 생각해보면, 제2차 세계대전을 전후한 시기에 영화는 일본의 것이었고, 뮤지컬은 1950년대 미국 영화의 발명품이었으며, 누벨바그 시기의 대담함과 혁신은 프랑스의 것이었다는 사실을 영화예술의 역사는 우리에게 가르쳐준다.

오늘날 한국 영화는 서울의 역사, 그것의 성장 속도, 전통사회의 변화와 관련되어 있으며, 한국인들의 문학에 대한 기호, 한국이 아마 전 세계에서 모든 언어를 통틀어 번역된 작품을 가장 많이 출판하는 나라일 것이라는 사실과도 연관되어 있다. 또한 한국 영화는 자국의 최근 역사, 동시대 역사상 가장 많은 인명 피해를 냈고 가장 부당한 전쟁 중 하나로, 국경을 가르고 과거 하나였던 민족을 둘로 쪼갠 전쟁에 대한 기억과도 관계가 깊다.

그와 같은 토양에서 폭력과 정치가 뒤섞인 독특한 문화가 태어났다. 문학—황석영의 『손님』이나 이승우의 『식물들의 사생활』—에 이어, 한국 영화는 이탈리아와 일본이 떠난 그 지점에서 리얼리즘의 유산을 다시 취했다. 영화와 문학에 투영되는 폭력은 근거 없는 것이기는커녕, 물질주의적이고 자신의 지적인 도식들 속에 굳어진 세계에 맞서는 반항의 내면화이다. 김기덕의 〈섬〉, 박찬욱의 〈복수는 나의 것〉, 혹은 이창동의 〈오아시스〉는 악몽에 가까운, 극단적으로 거친 장면들을 보여준다. 주인공들은 범죄자, 사회 낙오자, 또는 장애인들로서, 이들은 관습적인 도덕이 지니는 한계를 너무나 잘 아는 인물들이다.

그러나 오늘날 한국 영화는 여기에 국한되지만은 않는다. 그것은 폭력을 넘어서, 장르 혁신의 놀라운 능력을 보여준다. 스릴러와 공포 영화는 극단의 한 축을 이룬다. 나머지 한 축에는 모든 도식적인 폭력에서 벗어나 있고, 그 순수함에 있어서 초기 스칸디나비아 영화나 브레송의 영혼성에 극히 가까운 내밀한 영화들을 찾아볼 수 있다. 시네아스트 이정향의 〈집으로〉가 그 경우에 해당한다.

#5

세 개의 인터뷰 박찬욱, 이창동, 이정향

박찬욱은 아주 심플한, 미국 대학생 같은 차림의 40대 남자였다. 고전적으로 잘생긴 얼굴의 그를 보면서 나는 한국인들이 상당히 좋아하는 사극 시리즈 중 하나—아주 아름다운 그의 여배우 이영애가 출연한 유명한 〈대장금〉 정도—에서 나으리의 역할을 맡을 수 있겠다고 생각했다.

내가 박찬욱을 만나고 싶었던 것은 그가 현재 전 세계에 알려지고 있는 새로운 한국 영화 세대의 독창적인 감독들 중 한 명이기 때문이다. 그의 주요 영화 세 편, 〈복수는 나의 것〉, 〈올드보이〉, 〈친절한 금자씨〉는 젊은 관객층의 열광과 직업 평론가들의 경계를 불러일으켰다. 평론가들이 주로 지적한 것은 과도한 폭력의 사용이다.

그러나 그의 영화 속에는 진정한 통일성이 있다. 복수라는 중심 주제뿐 아니라 소설에 비견할 만한 매우 정교한 구조도 그렇다. 내가 그에게 던지고 싶은, (그리고 다른 한국 감독들에게도 묻고자 하는) 첫 질문은 이것이었다. 왜 소설이 아니라 영화를 택했는가?

— 젊었을 때는 문학에 큰 관심이 없었다. 나는 아주 어려서부터 영화를 좋아했는데, 나이가 들어가면서 문학에 더 애정이 간다. 나중에 글을 써보고 싶다. 지금은 소설을 읽으면서 행복을 느낀다. 내가 문학을 좀더 일찍 알았더라면 지금의 모습과 달랐을 것 같다. 어렸을 때 제임스 본드 시리즈에 매혹되었던 것이 기억나고, 바로 그 영화들이 나로 하여금 영화라는 직업을 선택하도록 했다.

그러나 내가 읽은 소설들은 분명히 나에게 많은 영향을 끼쳤다. 일례로, 커트 보네거트의 내레이션, 과거로 회귀하는 그의 방식, 현실과 상상 사이를 거침없이 오가기를 들 수 있다.

— 그것이 당신의 최근작 〈사이보그지만 괜찮아〉의 주제 아닌가?

— 보네거트를 염두에 두고 영화를 찍은 것은 아니지만, 지

금 당신의 이야기를 들으니 닮은 점이 있는 것 같다.

박찬욱의 영화에서 마음에 드는 것은 서울이 나온다는 사실이다. 길거리를 걸으면서 나는 이 도시가 이미 미래에 속해 있다는 묘한 느낌을 받았다. 그것은 파편들이 찬란하게 빛나는 깨진 거울과 같다.

박찬욱은 다소 신중한 남자다. 서울에 대해 말하게 되자 생기를 띤다.

— 며칠 전 할리우드에서 미국 감독 한 명을 만났다. 그는 자기가 만약 SF 영화를 찍어야 한다면 서울을 배경으로 할 것이라고 말했는데, 왜냐하면 그에게 서울은 마치 뉴욕의 미래 모습과도 같기 때문이라더라. 서울은 자신에게 30년 후의 뉴욕이라고 말했다! 우리 집안은 수백 년 전부터 서울에 살고 있고, 나는 오늘날 매우 희귀해진 부류인 서울 토박이로, 내 핏속에는 이 도시가 흐르고 있다. 때로는 지겹기도 하지만 한 달 이상 이 도시를 떠나 있는 것은 힘들다. 그리고 내 영화들 대부분을 서울이 아닌 다른 지역에서 찍었지만 서울은 내게 기준이 되는 도시다.

— 〈올드보이〉에서 '괴물'은 15년 동안 감옥에 갇혀 있고, 그가 다시 밖으로 나왔을 때는 그의 집이 헐렸기 때문에 더 이

상 아무것도 알아보지 못한다. 서울에서 일어나는 현대의 삶의 변화를 그리려고 한 것인가?

— 〈올드보이〉는 원작 일본 망가와는 다른 맥락에 있다. 일본 망가는 '올드보이'가 갇혀 있는 동안 일어난 변화에 대해서나, 그가 밖으로 나왔을 때 발견하는 현실에 대해서 아무런 언급이 없다. 그러나 나는 다른 어떤 한국 감독이라도 그런 식으로 찍었으리라고 생각한다. 15년이 지난 시점에서는 어떤 서울 사람도 자기 집을 다시 찾을 수 있다고 기대하지 않을 것이다. 내가 표현하고자 한 것은 그런 놀라움인데, 한국의 전형적인 현상이기 때문이다. 서울은 세상에서 유일하게 무섭게 빠른 속도로 변하는 도시이고, 그래서 서울을 선택했다. 15년 만에 그토록 극적으로 변화할 수 있을 만한 장소는 다른 어디에도 없다.

— 원작 망가 『올드보이』를 찾아봤다. 짧은 책(총 세 권)인데, 겉표지에는 올드보이가 얼굴에 흉터가 있고, 야만적인 표정을 한 반영웅의 초상으로 그려져 있다. 배우 최민식이 그 인물을 그대로 표현한 것 같다.

— 그렇게 닮았다고는 생각하지 않는다. 최민식이 나온 영화들을 보면서 그와 함께 일하고 싶었다. 마침 제작자가 내게

망가 『올드보이』로 영화를 만들어보자고 제안했을 때 그가 내건 조건은 최민식이 역할을 맡는다는 것이었다. 그러니까 내가 이야기를 읽어보기도 전에 주저하지 않고 승낙한 것은 최민식이 출연하기 때문이었다. 한편, 제작자는 최민식에게도 같은 제안을 했는데, 내가 감독을 한다는 것을 조건으로 내걸었다. 제작자가 영리했던 것이다!

— 〈올드보이〉에서 특히 한 장면이 내 시선을 고정시켰다. 감방에 갇힌 '올드보이'가 세상과 연결될 수 있는 유일한 통로는 TV 수상기다. 그는 해가 가면서 사건사고 보도, 정치인들의 연설, 시사 뉴스, 심지어 월드트레이드센터 테러까지 차례차례 지나가는 것을 본다. 그리고 갑자기, 거의 잠재의식적으로, 제임스 웨일의 〈프랑켄슈타인〉에 나오는 보리스 카를로프의 얼굴이 지나간다.

이에 대해 언급하자 박찬욱은 재미있다는 듯이 웃는다.

— 하하, 잊고 있었다! 제임스 웨일의 영화들과 〈올드보이〉 사이에 공통점이 있다는 것은 사실이다. 양쪽 모두 복수, 자신의 창조자에게 복수하려고 하는 괴물에 관한 것이다. 창조주와 창조물 사이의 관계를 다루는 측면이 있다. 그리고 〈프랑켄슈타인의 신부〉를 보면, 박사는 높은 빌딩에 살고 창조

물은 화재 속에 죽는다. 〈올드보이〉에서 악당인 유지태는 자신의 포로에게 말한다. "너는 내가 창조한 괴물이다." 그리고 마찬가지로 건물 높은 곳에서 상황이 벌어지고, 죽음으로 끝을 맺는다.

— 〈친절한 금자씨〉(Lady Vengeance라는 제목보다 한국 제목이 더 마음에 든다)에서도 주제는 복수지만 여자 주인공은 대단한 윤리적 힘을 보여주는 것 같다. 당신이 부여하고자 한 의미가 바로 그것인가?

— 영화는 두 부분으로 나뉘어 있고, 그 단절 지점은 금자가 살인자의 휴대전화가 그가 죽인 모든 아이들의 장난감으로 장식되어 있는 것을 발견하는 순간이다. 그래서 금자는 다른 납치된 아이들의 부모들에게 자신의 자리를 양보하고, 부모들이 복수하는 동안 자신은 거리를 두고 지켜보는 것에 만족하게 되는 것이다. 어떤 면에서 그녀는 영화를 보는 관객과도 비슷해진다. 실제로 내가 생각하기에 오직 여자만이 그런 상황에서 냉정을 유지하고 다른 부모들에게 자리를 양보할 수 있었을 것이다.

— 그 집단 처형을 위해 아가사 크리스티 원작의 영화 〈오리엔트 특급 살인〉을 떠올렸는가?

— 처음에 그 영화를 염두에 둔 것은 아닌데, 시나리오가 완성되고 나서 보니 둘 사이에 공통점이 있다는 것을 깨달았다. 그래서 이런, 하는 생각이 들었지만 그냥 그렇게 가기로 결정했다. 아가사 크리스티의 아이디어를 가져올 의도는 없었던 것이, 〈오리엔트 특급 살인〉은 무엇보다도 살인자를 찾아내는 데 주안점을 둔 추리물이기 때문이다. 금자의 이야기는 오히려 그 반대인데, 왜냐하면 이미 살인자를 알고 있는데다가 각 아이의 부모들에 의해 그가 어떻게 처단되는지를 볼 수 있기 때문이다.

— '당신에게 원수를 죽일 수 있는 가능성을 부여한다면 칼을 집어서 그렇게 하겠는가?'라는 윤리적 문제를 제기하고 있는가?

— 내가 금자의 상황이라면 어떻게 행동할지 모르겠다. 그런 상황을 상상하는 것만으로는 답하기가 어렵다. 그러나 내 성격을 감안해볼 때, 원수를 죽일 수 있으리라고는 생각하지 않는다. 오히려 법에 맡기게 되지 않을까 싶다. 게다가 관련 장면을 보면, 부모 중 한 명, 희생된 여자아이들 중 한 명의 아버지는 뒤로 물러나며 죽이기를 거부한다.

— 미국에서는 어린이 유괴의 경우 사람들이 꽤 자주 폭력

적이 되고 사형을 요구한다. 한국에 사형이 존재하는가?

— 그렇다. 합법이다.

— 실제로 자주 집행되는가?

— 언제가 마지막이었는지 잘 기억나지 않는다. 그러나 사형 집행을 주저하는 편이다. 1960년대 재판에서 한 남자가 사형 언도를 받은 후 형이 집행된 적이 있었는데, 그 후 무죄임이 밝혀졌다. 그런데 보다 최근에, 한국인 한 명이 아프가니스탄에서 테러 집단에게 납치되어 잔인하게 참살된 사건이 있었다. 한국인들은 그 소식을 듣고 벌떼처럼 모여 동포의 죽음에 복수하러 현장으로 가자고 했다. 나는 그 사건에서 영감을 얻었다. 〈친절한 금자씨〉에서, 희생자들의 부모들이 모여서 함께 울면서 아이들의 살해 장면을 담은 비디오를 보게 되는데, 바로 그때 그들은 복수를 결정한다. 그러나 의자에 묶여 있는 남자를 죽이는 것은 쉬운 일이 아니다.

내가 이창동 감독을 만난 것은 서울의 고지대에 아직 잔존하는 그런 류의 오래된 한국 가옥에서였다. 박찬욱과 함께 미래 도시에 대해 언급한 뒤라 낯선 느낌이다. 직접 손바느질하는 전통의상(한복) 작업장으로, 경우에 따라 식당으로도 사용되는 곳이다. 이창동 또한 배우가 될 수 있을 것이다. 큰 키에 정돈된 얼굴, 매우 짙은 검은색 머리. 아름답고 고상한 여자 PD가 동행했다. 우리가 이야기를 나누는 동안 약간 물러서서 우리들 잔에 녹차를 따른다.

이창동은 작가이기도 하기에, 내가 선택한 질문은 동일한 방식으로 제기될 수 없다. 그는 소설을 썼고, 여러 편의 장편 영화를 감독했고, 그중에는 소외된 정신지체아이자 전과자인 남자와 뇌성마비로 지체부자유가 된 젊은 여자 사이의 충격적인 사랑을 그린 매우 강렬하고 가혹한 영화 〈오아시스〉가 있다.

이창동은 자신의 영화로의 여정에 대해 이야기한다. 그는 먼저 지방에 있는 고등학교에서 문학을 가르쳤고, 이어서 영화학교를 거치지 않고 조감독이 되었다. 내가 그의 영화 〈오아시스〉에 나타난 참여의식에 대해 질문하자 그는 다소 회의를 보인다.

— 이 영화가 한국 사회의 장애에 대한 시선을 변화시킬 수는 없을 것이다. 내가 희망할 수 있는 것은 극히 작은 변화일 뿐이다. 촛불 하나를 나누어 다른 촛불들을 밝히는 것과도 같은 일이다.

실제로 〈오아시스〉는 상당히 어두운 영화다. 야외 장면이 적고 색감은 파랑, 초록, 보랏빛 톤을 띤다. 그러나 몇몇 장면들의 격렬함—젊은 범인이 그가 '공주'라고 부르는 여자를 강간하는 장면—에도 불구하고 현재의 삶, 삶의 일상이라는 인상이 더 강하다.

— 페미니즘 평론가들은 여자 장애인이 머리가 좀 모자란 남자에게 강간당하는 장면의 과도함에 대해 나를 비난했지만, 아무도 '정상인들의 세상에서 누가 저런 여자와 사랑에 빠질 수 있을 것인가?'라는 문제에 대해 진정으로 자문해보지는 않았다.

나는 남자가 경찰서로 인도된 후의 또 다른 격렬한 장면에 대해 이야기한다. 그의 가족은 피해자 가족에게 지급할 배상금에 대해 논의하고 있다. 경찰서 안은 깊이감 있게 찍혔는데, 갑자기 전면에서 여자가 경련을 일으키더니 휠체어를 탄 채 벽에 몸을 갖다 부딪친다.

— 내가 원하는 것은 무엇보다 실제 현실을 보여주는 것이다. 사진은 현실의 이미지인데도, 대부분 영화관에서 불이 꺼지면 관객이 보는 것은 실제 현실이 아니다.

우리는 상업 영화에 대해 이야기하고, 나는 그에게 할리우드에서 만들어진 영화들이 자신을 '피곤하게' 만든다고 한 압바스 키아로스타미의 말을 전한다. 이창동은 더 극단적으로 표현한다.

— 그런 영화를 보고 나오면 뭔가 속은 것 같다.

우리는 차가운 바람이 부는 거리를 걷는다. 지나가던 사람들이 뒤돌아 이창동과 PD인 여자 분을 쳐다보는 것을 알 수 있다. 배우 커플이라고 여기는 것인지도 모른다. 이창동은 자신의 작품을 자신의 삶과 연계시키는 오늘날 흔치 않은 감독 중 한 명이다. 매 순간 그는 자신의 상상을 현실의 가닥들과 직조한다.

나는 〈집으로〉를 본 후부터 이정향 감독을 꼭 만나고 싶었다. 이 영화는 노년에 대한 반은 비극적이고 반은 익살스러운 명상으로, 한 소년이 시골 할머니 집에 어쩔 수 없이 머물게 되면서 벌어지는 매우 단순한 이야기를 풀어놓는다. 우리는 서울 신촌의 한 커다란 카페에서 만났는데, '민들레 영토' 즉 민들레들이 사는 땅이라는 이름을 갖고 있는 그 카페는 자유로운 형식의 회의를 위해 사적으로 작은 방들을 예약할 수 있는, 벨 에포크 시대 파리 식당의 '카비네cabinets'에 비견될 만한 곳이다. 그곳은 기차역 로비처럼 재미있고 분주하고 활기가 도는 공간으로, 옛것과 새것을 함께 섞어 놓은 이 도시의 실제 삶을 다른 무엇보다도 잘 대변한다.

이정향은 젊음과 유머로 나를 놀라게 했다. 그녀는 정말 대학생 나이 정도로밖에 보이지 않았다. 초등학생 같은 배낭에 그녀는 여러 가지 자료와 책, 특히 십여 개의 색연필이 들어 있는 필통을 갖고 다닌다. 우리는 한국의 진미인 녹차를 앞에 두고 이야기를 나눴다.

— 무엇이 당신을 영화 연출로 이끌었는가?

— 열세 살 때 존 길러민의 〈타워링〉을 봤다. 나는 즉시 폴 뉴먼과 사랑에 빠졌다! 당시 한국에서 여성 감독은 상상할 수 없었다. 나는 그 희미한 꿈을 지니고 있었고, 감독이 되고 싶었지만 어떻게 하면 될지를 몰랐다. 1979년 2월, 유명한 하길종 감독님이 돌아가셨고 나는 영화감독이 되기로 결심했다. 내가 바통을 넘겨받아야 한다는 느낌이었다.

— 하길종을 만났는가?

— 그분을 개인적으로 알지는 못했지만 같은 날에 태어났다는 데 대해 자부심을 갖고 있었다.

— 재미있는 일치인데, 영화 소재로 삼을 수 있지 않을까?

— 아주 깜짝 놀랄 만한 사실은, 당신도 나와 생일이 같다는 것이다! 나는 서울의 서강대학교에서 프랑스 문학을 전공했고, 이어서 남산에 위치한 한국영화아카데미에서 공부했다. 하길종과 당신, 나, 이렇게 모두 같은 날에 태어났다는 것이 신기하지 않은가?

— 그게 바로 소위 '인연'이라는 한국말에 해당될 것이다!

나는 한국어에서 '인연'이라는 말로 표현되는, 친근감과 예정된 운명을 동시에 담고 있는 그 개념을 좋아한다. 내가 한국 영화로부터 기대할 수 있는 것이 바로 그것, 즉 어떤 자유, 다르게 세계를 보는 방식인 것 같다. 여자가 남자보다 더 잘 말할 수 있는 그 무엇.

— 나는 단 한 번도 영화 말고 다른 일을 하고 싶었던 적이 없다. 즉시 시작할 수 없었고 20년을 기다려야 했다. 그 긴 기다림에도 불구하고 언젠가 감독이 되리라는 것을 의심해본 적이 없다.

— 한국영화아카데미에서는 무엇을 공부했는가?

— 아카데미는 촬영 2명, 연출 14명, 이렇게 총 16명의 학생을 선발했다. 우리는 교수님들의 지도하에 함께 작업했다. 졸업장을 받으려면 단편을 만들어야 했다. 한국영화아카데미는

국립이었고, 그 덕에 우리가 살 수 없는 기자재나 필름을 사용할 수 있었다.

— 당신이 만든 단편의 제목은?

— 〈내 이름은 상우〉. 방송반의 일원인 상우라는 대학생이 학교 축제에 뽑히고 싶어하는 평범한 이야기다.

— 그게 전부인가?

— 그렇다. 사고도, 피도 없다!

— 그래도 축제는 나오는 것 아닌가?

— 그것조차 아니다. 영화는 축제 직전에 끝난다. 인물들이 생일노래를 부르는 장면이 있는데, 내가 작곡을 하고 기타도 쳤다.

— 괜찮다면 〈집으로〉에 대해 이야기를 나눴으면 한다. 당신 영화 중에서 유일하게 내가 찾아서 볼 수 있었던 영화이기 때문이다.

이정향은 어떤 가식도 없이 자연스럽게 웃는다.

— 그렇다면 거의 다 본 거다! 나는 〈미술관 옆 동물원〉과 〈집으로〉, 두 편밖에 안 만들었다.

— 〈집으로〉의 이야기는 독창적이다. 한 할머니와 손자의 관계에 대한 것이다. 왜 그렇게 특별한 주제를 선택했나?

— 나는 영화감독이 되기도 전에 그 시나리오를 썼다. 우리 외할머니는 내가 태어나기 훨씬 전부터 우리 집에 계셨고, 나는 할머니가 돌아가실 때까지 함께 살았다. 할머니는 내가 〈집으로〉를 만들기 전에 돌아가셨다. 두 번째 영화는 할머니를 소재로 한 이야기로 만들 것이라고 속으로 다짐했었다. 물어보면 거의 모든 한국인들이 〈집으로〉의 할머니가 그들 자신의 할머니와 닮았다고 할 것이다. 한국의 전형적인 할머니 상이다.

— 역할을 맡을 할머니는 어떻게 캐스팅했는가?

— 시나리오를 완성하기 전부터 나는 등장인물들을 시골에 사는 비전문 배우들 중에서 찾겠다고 마음먹었었다. 그리고 촬영 장소를 구하면 그곳에 우리 주인공 할머니가 계실 거라는 막연한 믿음을 갖고 있었다. 그런데 놀랍게도 충청북도 영동의 산 속 마을을 들렀을 때 주름이 깊게 지고 등이 굽은, 시나리오 속의 인물을 꼭 빼닮은, 그리고 돌아가신 나의 외할머니와 흡사한 주인공 할머니를 만나게 되었다. 사시는 집은 모든 것으로부터 동떨어진 고립지대여서 겨울에는 서울에서 사신다. 그 할머니를 만났을 때는 봄이었고, 서울에서 막 도착하셨기 때문에 얼굴이 하얘서, 그을린 피부를 만들기 위해 약

간 분장을 하셔야 했다. 그것 말고는 손톱 하나가 없는 손가락, 모양이 변형된 발가락, 그리고 치아가 하나도 남아 있지 않은 본래 모습 그대로 찍었다.

— 왜 도시에 사는 할머니가 아니라 시골에 사는 할머니를 선택했는가?

— 사실 이 영화를 만들게 된 이유는 내가 우리 할머니의 사랑보다 더 큰 사랑을 알지 못하기 때문이다. 나는 그 사랑을 내 영화에서 그려내고 싶었다. 우리 할머니는 서울에서 함께 사셨다. 그러나 산에서 사는 설정으로 가고 싶었던 것이, 할머니와 살면서 나는 우리 할머니, 나아가 지구상 모든 할머니들이 자연이라는 것을 이해했기 때문이다. 나는 그들의 힘을 보여주고 싶었고, 그들이 자연에 속한다는 것을 말하고 싶었고, 그 자연 속에서 할머니를 보여주는 것이 더 확실했다. 왜 영화 속 할머니가 벙어리냐, 대사 처리가 어색해서 그렇게 바꿨냐는 질문을 많이 받았다. 이유는, 자연 또한 말이 없기 때문이다. 나는 말 없이도 사랑을 보여줄 수 있다는 것을 증명하고 싶었다.

— 영화 속에 폭력이 없다. 어린 손자 녀석이 이따금씩 할머니에게 못되게 굴기는 하지만 매우 부드러운 영화다. 당신

은 폭력 없는 영화를 선택한 것인가?

— 나는 폭력, 피, 그리고 담배도 좋아하지 않는다! (그녀가 살짝 웃는다.) 내 말은 격렬한 장면 없이도 관객이 한 이야기에 관심을 갖도록 할 수 있다는 뜻이다.

나는 이마무라의 영화 〈나라야마 부시코〉에 대해 언급한다. 그 영화에는 매우 가혹한 장면들, 일례로 산 속에 갖다 버리기 전에 꽁꽁 묶이는 노인들, 또는 더 늙어 보이기 위해 돌로 이를 깨는 할머니가 나온다. 일본 문화와의 차이인가?

— 오히려 성의 차이일 것이다. 이마무라 감독은 남자다!

— 마침 그 문제에 대해 언급하고 싶었는데, 차마 페미니즘의 문제를 제기하지 못하고 있었다.

— 종종 그런 질문을 받는다. 그러면 페미니즘보다 휴머니즘을 선호한다고 대답한다.

— 그렇지만 당신은 〈나라야마 부시코〉와의 차이가 감독의 성 차이라고 말했다. 여성이기에 영화에 부가되는 장점에는 어떤 것들이 있겠는가?

이정향은 페미니즘의 함정을 비껴간다.

— 내 영화의 주인공들은 여자다. 나는 세상에 대한 나의 관점을 보여주길 원한다. 모든 여성 감독들이 그러하다고 대

신해서 말할 수는 없지만, 내 경우 여성으로서 할 수 있는 것은 한 여성이 보고 느끼는 것을 묘사하는 데 있다.

— 폭력에 대해 얘기가 나왔으니 말인데, 당신은 세계 영화가 남자들의 관점, 특히 전쟁, 피, 거친 성욕 등을 보여주는 관점에 의해 지배되고 있다고 생각하는가?

— 그런 남자들에 의한 이미지를 깼으면 좋겠다.

— 〈집으로〉의 할머니는 구시대적 인물로서 서울에서의 매우 현대적인 도시 생활을 대변하는 어린 소년과 대립되는 것인가? 또한 남한보다는 북한이 덜 현대화된 것으로 아는데, 그렇다면 혹시 상우와 할머니의 대비는 남한과 북한의 대비인 셈인가? 당신 영화에는 그런 역사적 차원이 담겨 있는가?

— 내 영화는 그리 거창하지 않다. 그러나 〈집으로〉가 새로운 것과 낡은 것을 대립시키는 요소들을 안고 있다는 것은 사실이다. 북한을 염두에 둔 것은 아니지만, 그렇다, 전통과 현대의 삶 사이의 모순이 영화에 들어 있는 것은 사실이다.

겸손과 유머를 담아, 이정향은 자신의 영화를 "이 땅의 모든 외할머니들께" 헌정했다. 그리고 나 자신 영화를 보면서, 또 그녀와 이야기를 나누면서, 나의 할머니에 대해 생각한 것이 사실이다. 할머니는 손자 손녀들이 전쟁의 시련을 잘 헤쳐 나가도록 말 그대로 투쟁을 하셨다.

우리는 신촌 거리를 잠깐 같이 걸었다. 좁은 시각에서 보면 서울은 늘 분주하고 혼잡하고 번쩍거리는, 세상에서 가장 젊은 도시인 것 같다. 그 군중 속에서 이정향의 가볍고 연약한 실루엣은 한국 영화가 오늘날의 현실을 바라보는 그 비판적이고 주의 깊고 열정적인 시선의 상징 같았다.

끝은

영화 전체를 통틀어 가장 이상한 말이다. 이 단어는 이미 마지막이라는 것을 아는 스크린 위의 이미지를 천천히 뒤덮으며 한참 동안 부유하고, 그러는 사이 당신을 너무 급작스럽게 몽유병적인 환상에서 끌어내지 않기 위해 조심스럽게 불이 다시 켜진다. 왜 사람들은 최근까지도 이 '끝'이라는 말을 쓸 필요를 느꼈을까? 그것은 그저 당신에게 영화가 끝났음을 선언하기 위해서일까? 일어나서 옷을 다시 걸치고 작별인사를 하고 참회 행렬 속에서 현실로 돌아가야 함을 당신에게 일깨워주기 위해서일까? 다시 말해서, 영화관으로 들어가기 전과 똑같은 모습의 길가, 아마 전보다 더 현실적이 되고, 전보다 더 더러워진 그 영화관 밖 길가로 다시 나와, 겨울비와 추위 혹은 더 심하게는 눈부신 태양과 함께, 셀린Céline(프랑스의 소설가—옮긴이)이 영화 보러 가는 것 외에는 아무 다른 할 일이 없는 이들에게 죄책감을 주기 위한 취업 인구의 음모라고 의심한 바 있는 그 활동적인 삶인 체하는 것과 다시 마주해야 함을 일깨워주기 위해서일까?

'끝'이라는 말은 환상의 왕국과 꿈의 공장의 문을 닫고, 비현실과 이미지를 종결시킨 뒤, 꾸미지 않은 것, 의미가 있는 것, 우리 삶의 동인動因으로 돌아가게 하는 것이다. 그것은 시간의 유연성, 열정, 북받치는 감정, 밀려오는 눈물, 기분 좋은 웃음의 흔들림에 끝을 고하는 것이다. 비극을 끝내고, 낭만을 끝내는 것이다. 어쩌면 아주 단순한 '끝'일 수도 있다. 신문의 연재소설이란 이어지는 것, 다음 회가 따르는 것이고, 발자크의 『잃어버린 환상』이나 옥타브 미르보의 『하녀의 일기』의 페이지 하단에 새겨진 끝은 독자들과 작가들의 삶 속에 하나의 단계를 표시하는 것에 지나지 않으니 말이다. 그리고 때로 '끝'이라는 말 뒤에는—주간지 『그랭구아르Gringoire』에 실리던 이렌 네미로브스키의 통속소설 「북아프리카의 항구들Les Echelles du Levant」의 경우가 그랬는데—용서할 수 없는 침묵이 뒤

따르기도 했다.

어떤 말도 그처럼 부적합했던 적은 없다. 끝, 그리고 '엔딩 크레딧'이 스크린에 등장하여 떠다니다가 이미 새로 시작되는 하루처럼 사라져가는 중이지만, 끝난 것은 없다. 나는 영화를 보고 나와 마치 마약에 취한 듯 일종의 도취와 흥분 상태에서, 길거리를 걸었던 것이 기억난다. 그것은 단지 내가 이야기나 어떤 인물에 동화되었거나 영화의 전반적인 의미가 나를 열광시켰기 때문만은 아니다. 내가 이분된 듯한, 영화를 보는 동안 다른 사람이 된 듯한 느낌, 그리하여 나의 인격의 조각들을 다시 붙여야 한다는, 다시 하나가 되어야 한다는, 나를 다시 찾아야 한다는 이상한 느낌이 들었다. 소외의 느낌은 아니었다. 영화는 나를 불확실성의 상태, 부유 속에 빠뜨린 것이었다. 나는 내 고유의 존재를 둘러싼 경계로부터 벗어났고, 확장되었고, 나 자신을 초월한 것이었다. 이 말 속에는 어떤 도덕적 의미도 들어 있지 않다. 오슨 웰스가 〈악의 손길〉에서 연기한 타락한 경찰 행크 퀸란이나 존 카사베츠 영화(〈그림자들〉, 〈남편들〉) 속 반영웅들, 또는 박찬욱 영화의 '친절한 금자씨'가 도덕적인 모범으로 간주될 수는 없다. 그럼에도 불구하고 영화를 보는 동안 그들을 만나면서 나 자신이 더 나아진 듯한 느낌이었다. 영화는 지식을 제공한다기보다는 일종의 공모共謀를 제공한다. 현실에 대한 다른 관점을 마주하게 되고, 거기에 적응해야 하고, 자신을 변형시켜서 맞추어야 한다. 영화를 종종 가장 수동적인 예술이라고 말하지만, 그것은 부당하다. 몇몇 극히 못 만든 영화들의 경우에 그것은 사실이지만, 문학의 졸작들, 마구 쓴 것, 쉽게 쓴 것도 마찬가지일 것이다. 그러나 영화가 자신의 역할을 다할 때, 다시 말해 하나의 시선, 사상, 상상의 세계를 표현할 때, 그 일은 연극, 시, 또는 소설이 하는 일만큼 매혹적이고 그만큼 힘겨운 것이다.

끝이라는 말이 사라지고, 영화관이 다시 잠복 상태, 즉 침묵과 그림자의 상태로 돌아가고, 접혀진 의자들의 열들 사이로 음식 찌꺼기를 찾는 쥐 몇 마리만이 돌아다니게 될 즈음, 영화의 이야기는 거리에서 계속된다. 인물들, 대사, 음악, 감정, 이야기가 계속된다. 아이들은 아직 흥분을 가라앉히지 못한 채 주인공들의 제스처를 따라하고, 어른들은 이야기하고, 토론하고, 비판한다. 잘못 꺼져서 가끔씩 다시 켜지는 스크린처럼, 시퀀스 조각들이 잠든 이들의 감은 눈 뒤를 지나간다. 연인들은 서로 부둥켜안지만 그들이 꿈꾸는 것은 아마 다른 종류의 사랑일 것이다. 그 시간은 소멸됐고, 다른 시간에 자리를 내준다. 그 시간이 다시 온다 해도, 그것은 갑작스런 역행의 형태, 부서지고 손상된 상태로서이다. 기억은 궤도이탈하고, 그 누구에게도 속하지 않는, 창조된 것도 현실의 것도 아닌 추억들과 뒤엉킨다. 우디 알렌의 〈카이로의 붉은 장미〉와 키아로스타미의 〈올리브나무 사이로〉에서 영화는 일단 중단된 후, 다른 곳, 스크린의 다른 편, 시네아스트와 관객의 의지와는 별개의 가상세계 속에서 지속된다. 나는 종종 휘발된 말들이 어디로 가는지, 사라진 이메일들은 어디에 있는지 자문해본 적이 있다. 실종된 책들처럼, 중단된 이미지들은 카메라가 촬영하기를 멈춘 후에도 계속 잔존하고, 우리 주위에, 다소 유령 같지만 친근하게, 창조를 거치지 않고 원래부터 존재하는 가장자리에 남는다. 텅 비어버린 비현실적인 파란색 스크린 위에서, 이제 우리는 '구름처럼 흘러다닐' 수 있다.

역자 후기

『발라시네 : 르 클레지오, 영화를 꿈꾸다』는 2007년 칸 영화제 60주년을 기념하여, 칸 영화제 조직위원장이자 세계 영화계의 '황제' 질 자콥이 프랑스의 대표 작가 르 클레지오에게 자유로운 형식의 집필을 부탁한 에세이집이다. 질 자콥 자신이 서문을 쓴데다 프랑스 최고의 출판사인 갈리마르에서 출간되어 화제를 불러일으킨 책이기도 하다.

이번 한국어판은 프랑스판과는 다소 차이가 있다. 저자의 한국어판 서문이 추가되었고, 특히 한국 감독들과의 인터뷰는 생략 없이 거의 전문이 수록되도록 했다. 원제인 'Ballaciner'는 ballader(산책하다, 노래하다)와 cinéma(영화)를 합친 신조어로서, 저자에 따르면 단순한 산책을 넘어 꿈, 춤, 연가戀歌의 의미 또한 지닌다.

저자는 영화사 초기에서부터 순차적으로 주요 사건들을 따라가지만, 본문을 읽다 보면 저자의 극히 개인적인 경험이 녹아들어 있음을 알 수 있다. 그의 영화 꿈을 떠받드는 두 개의 축이 있다면 아마 본문을 여는 달빛의 비유와, 태생적으로 경계선상에 위치한 방랑자로서의 그의 삶이 아닐까 생각한다. 불이 꺼진 후 어두운 영화관에 뿜어져 나오는 영사기의 빛을 달빛에 비유하는 몽상은 달이 태곳적부터 상징하는 낭만과 신비를 꿈의 예술인 영화와 접목시키는 독특한 효과가 있다. 한편 모리셔스와 프랑스라는 두 개의 국적을 지닌 채 세계 곳곳을 돌아다니는 그의 삶은 영화에 대한 탈경계적이고 편향되지 않은 시야의 바탕이 되고 있다.

역자는 2007년 2월 말 서울에서 저자를 처음 만났다. 부산국제영화제 프로그래머로 일하면서 이화여대 통역번역대학원에 강의를 나가던 중 한국 영화 관련 인터뷰를 주선하게 되었다. 저자의 의견을 존중하여 박찬욱, 이창동, 이정향(인터뷰가 이루어진 순서다)의 인터뷰가 비공개로 진행되었는데, 본문에서도 느껴지듯이 격식을 차리지 않는 자유롭고 소박한 자리였다. 저자가 워낙 시네필인데다 역시 거장답게 겸손해서 모든 사람이 즐거운 자리이기도 했다. 역자는 그해 5월 칸 영화제를 기약하며 헤어졌지만, 정작 60주년 칸에서 단편 부문 심사위원을 맡아 바쁘신 분을 방해할 수는 없었다(저자의 한국어판 서문을 보면 한국 단편에 대한 언급이 나온다). 내내 아쉬움을 느끼던 차에 한국에서도 책의 출간이 결정되었고, 뜻밖에 역자가 분에 넘치는 번역 작업을 맡게 되었다.

고백컨대, 대작가의 에세이를 번역한다는 것은 심적으로나 물리적으로나 벅찬 작업이 아닐 수 없었다. 영화에 대한 지식의 문제를 넘어 한 개인의 영화에 대한 꿈을 옮겨 놓아야 하는 어려운 일이었다. 번역상의 미비한 점이 있다면 아쉽지만 독자 여러분의 관대한 양해를 바랄 뿐이다.

끝으로 많은 분들께 감사드려야 할 것 같다. 우선 인터뷰에 흔쾌히 응해주신 박찬욱, 이창동, 이정향 감독님과 가까이에서 역자의 귀찮은 질문에 일일이 답해주신 르 클레지오님께 감사드린다. 감독님들과의 연락에 직·간접적으로 도움을 주신 허문영 '시네마테크 부산' 원장님과 늘 역자의 정신적 지주가 되어주시는 김동호 부산국제영화제 집행위원장님께도 감사드린다. 또한 국내 출판이 가능하도록 여러모로 애써주신 이화여자대학교 통역번역대학원의 김용숙 원장님과 최미경 선생님께 깊이 감사드린다. 마지막으로 이 책의 출간을 맡아주신 이화여자대학교출판부의 최민숙 출판부장님과 정성껏 책을 만들어주신 출판부의 여러 선생님들, 특히 거친 번역을 꼼꼼히 손보느라 애써주신 이혜지 선생님께 감사드린다.

2008년 5월

이수원

다음 분들께 감사드린다.

Y U N N Y I M DB C OM

W A L T E R P U T N A M

R H E E S O U E W O N

L E E J E ON G H YA NG

W O E L F F E L A L P H

A V I L L E A L B A N C

J E M I A Z I E G F E L D

2 0 0 0 R B R E S S O N

G I LL E S J A C O B A N

T O I N E G A L L I M A

R D A N N A L E C L E Z

2008 문화체육관광부 선정 우수교양도서

발라시네

르 클레지오, 영화를 꿈꾸다

펴낸날 1판 1쇄 2008년 6월 4일
3쇄 2010년 6월 7일
지은이 르 클레지오 | **옮긴이** 이수원
펴낸이 최민숙 | **펴낸곳** 이화여자대학교출판부
주소 서울특별시 서대문구 대현동 11-1(우 120-750) | **등록** 1954년 7월 6일 제9-61호
전화 02) 3277-2965(편집) 02) 3277-3164, 362-6076(영업)
팩스 02) 312-4312 | **전자우편** press@ewha.ac.kr | **인터넷서점** www.ewhapress.com
책임편집 이혜지 | **디자인** design Vita | **찍은곳** 한영문화사

ISBN 978-89-7300-792-9 03680

값 12,000원

잘못된 책은 바꾸어 드립니다.